新零售
线上+线下+物流
NEW RETAILING

董永春◎编著

清华大学出版社

北京

内 容 简 介

新零售是消费升级的产物，是一种更先进、更人性化的商业文明。在可预见的未来，将没有电子商务这一说，也没有传统零售一说，只有新零售。只有当线上线下和现代物流完美融合在一起，无限逼近消费者的内心需求，为消费者提供高效率、高体验值的服务，才能诞生真正意义上的新零售。

新商业时代，传统零售（线下零售和传统电商）如何做精，如何获得新能力、新思维、新方法和新工具，以便更高效地为消费者提供超出其期望值的消费体验和服务，是本书要探讨的核心问题。

本书封面贴有清华大学出版社防伪标签，无标签者不得销售。

版权所有，侵权必究。举报：010-62782989，beiqinquan@tup.tsinghua.edu.cn。

图书在版编目(CIP)数据

新零售：线上+线下+物流／董永春编著． — 北京：清华大学出版社，2019(2023.7重印)
ISBN 978-7-302-49515-4

Ⅰ.①新… Ⅱ.①董… Ⅲ.①零售业—商业模式—研究 Ⅳ.①F713.32

中国版本图书馆 CIP 数据核字(2018)第 024754 号

责任编辑：刘　洋
封面设计：李召霞
版式设计：方加青
责任校对：宋玉莲
责任印制：刘海龙

出版发行：清华大学出版社
　　　　　网　　址：http://www.tup.com.cn，http://www.wqbook.com
　　　　　地　　址：北京清华大学学研大厦 A 座　　邮　编：100084
　　　　　社 总 机：010-83470000　　邮　购：010-62786544
　　　　　投稿与读者服务：010-62776969，c-service@tup.tsinghua.edu.cn
　　　　　质 量 反 馈：010-62772015，zhiliang@tup.tsinghua.edu.cn
印 装 者：艺通印刷（天津）有限公司
经　　销：全国新华书店
开　　本：170mm×240mm　　印　张：14　　字　数：214 千字
版　　次：2022 年 1 月第 1 版　　印　次：2023 年 7 月第 12 次印刷
定　　价：49.00 元

———————————————————————————————————————
产品编号：077606-01

前言

新零售是消费升级的产物,是一种更先进、更人性化的商业文明。

传统线下零售做得不够好,于是电商乘虚而入,抢占传统商业的生存空间,线下实体商业频现关店潮。经过数年井喷式的高速增长,早期互联网普及期所带来的流量红利不再,运营成本日渐攀升,再加上用户体验上的先天短板,纯电商模式也遇到了发展瓶颈,增速放缓。

传统零售和传统电商由于其自身的不完善,为零售新业态的诞生制造了机会,新零售应运而生。新零售作为一种新型商业模式,是线上线下互联的零售,是线上线下融会贯通的零售,是一种"互联网+零售"模式。

马云曾说:"线上的企业必须走到线下去,线下的企业也必须走到线上去,线上线下加上现代物流,才能实现真正的新零售。"纯电商时代已经过去,在可预见的未来,将没有电子商务这一说,也没有传统零售一说,只有新零售,只有当线上线下和现代物流完美结合在一起,无限逼近消费者的内心需求,为消费者提供高效率、高体验值的服务,才能诞生真正意义上的新零售。

未来,谁能打通线上线下的利益链条,谁能把这两者结合得最完美,谁就可能抵达下一个风口。

新的商业时代,传统零售(线下零售和传统电商)如何做加法,如何获得新能力、新思维、新方法和新工具,以便更高效地为消费者提供超出其期望值的消费体验和服务,是传统零售要思考的新命题。

研究零售业的发展史，不难发现一条隐藏的路径，零售业的每一次革新，其本质都是为了提高零售服务的效率，都是在围绕"成本、效率、体验"做文章，当线下零售不能满足消费者需求时，电子商务应运而生，当纯粹的电商不能为消费者提供完善的消费体验时，强调线上线下充分融合的新零售随之诞生。

但无论商业模式如何演变，升级的只是各种形式和手段，而零售的本质是不变的，今后零售业可能会演化出更多新的业态，但无论怎样发展，最终还是会紧紧围绕"成本、效率、体验"来推进，即如何以更低的成本、更高的效率、更好的体验来满足消费者的需求。

消费者需求和体验的满足，涉及零售商经营、服务的各个环节，涵盖经营、管理、服务、配送、售后等所有人员，包括线上线下等各个终端。它是一个综合的、立体的、全维度的感受与评价，是一个系统工程。消费者需求的满足程度和体验的优劣，取决于其中的"短板"而非"长板"。因此说，不论是线上线下的充分融合，还是新零售的数据运用能力；不论是零售生态系统的构建，还是智能物流、智慧门店的打造，它们的目的只有一个——更好地满足消费需求，提升消费体验。

商业做到极致，都会上升到哲学高度。零售哲学的本质在于：谁能更高效地服务消费者，谁能够为消费者提供极致体验。

传统零售模式，以自我为中心，更关注自身利益，属有我之境。

新零售的模式，以用户体验为中心，更关注用户需求，属无我之境。

从方法论上讲，新零售没有固定的模式和路径可寻，新零售更是一种动态零售，演变的是形式、模式和物种，不变的是为消费者提供一流服务和体验的初心。

编 者

2018 年 2 月

目录

第一篇 线上线下无缝结合的新零售：零售+线上线下互联

第一章 线下零售的痛点 /2
一、电商的冲击 /2
二、居高不下的运营成本 /5
三、差异化竞争优势不足 /7
四、缺乏用户思维 /10

第二章 传统电商的痛点 /12
一、流量红利消失，成本居高不下 /12
二、客户只对价格忠诚 /14
三、用户体验上的先天不足 /16

第三章 新零售：商业元素的重构 /20
一、新零售的诞生 /20
二、新零售是O2O模式的进化 /22
三、全渠道思维：新零售的全渠道与全生命周期 /26

四、全渠道的挑战：能否实现同款同价 / 28

第四章　新零售的本质 / 31

　　一、新零售的本质是效率革命 / 31

　　二、新零售没有固定的图谱 / 34

　　三、新零售仍是零售 / 36

第五章　新零售+新物流 / 39

　　一、新零售呼唤新物流 / 39

　　二、新零售的新能力之——智能物流 / 41

　　三、物流云升级 / 44

　　四、物流"最后一公里"争夺战 / 45

第二篇　零售+大（小）数据：每个企业都要变为数据公司

第六章　新零售：实现零售的数据化 / 50

　　一、"大数据"的商业价值 / 50

　　二、新零售的新能力——零售数据化 / 52

　　三、打造智能线下卖场 / 54

　　四、新零售要打通线上线下，整合核心就是大数据 / 57

　　五、如何玩转新零售大数据分析 / 59

第七章　客户数据的智能应用 / 63

　　一、挖掘客户需求，为用户画像 / 63

　　二、精准营销，精准推送 / 65

　　三、大数据会员管理 / 67

　　四、把控生产，达到零售升级 / 69

第八章　大数据时代的零售小数据 / 72

一、挖掘零售小数据 / 72

二、发现痛点，只需研究少量典型客户 / 74

三、观察客户接触的"MOT" / 79

第三篇 零售+生态系统：新零售应是一种共享共赢型零售

第九章 零售+生态：打造全零售生态圈 / 84

一、做生态：电商巨头的新零售生态系统 / 84

二、线下零售的小生态 / 86

三、新零售的全域营销 / 93

第十章 零售生态系统的新能力 / 99

一、供应链能力：对上游供应链的控制 / 99

二、社群营销：对下游消费者的触达 / 101

第十一章 新零售的新趋势 / 107

一、零售市场的重返实体店现象 / 107

二、电商的入口演变 / 109

三、零售新物种：知识自媒体电商 / 112

第四篇 零售+超预期体验：无限逼近消费者内心真实需求

第十二章 新零售：以用户体验为中心的零售模式 / 116

一、新零售："购买驱动"到"体验驱动"的转化 / 116

二、线下门店是新零售体验致胜的重要一环 / 119

三、线上提供便利，线下提供体验 / 123

　　四、致力于为顾客提供超预期体验 / 126

第十三章　用户思维：真能站在客户角度考虑问题 / 130

　　一、消费权利转移，倒逼商家转变 / 130

　　二、从产品思维到用户思维 / 134

　　三、强化顾客关系管理 / 136

第十四章　消费升级：捕捉消费者的需求变化 / 142

　　一、挑剔型顾客是零售商的宝贵资源 / 142

　　二、决定消费者去留的究竟是什么 / 144

　　三、新零售就是为顾客解决问题 / 147

　　四、与时俱进，满足顾客新需求 / 149

第十五章　场景优化：线下零售体验升级的入口 / 153

　　一、线下门店环境创新的三个维度 / 153

　　二、新零售的场景思维 / 155

　　三、打造多重感官的消费体验 / 157

　　四、借助场景营销优化顾客体验 / 159

第十六章　智慧零售：提供酷炫的消费体验 / 162

　　一、智慧零售：借助物联网技术提升门店体验 / 162

　　二、智慧零售：借助互联网技术提升门店体验 / 165

　　三、智慧零售：借助黑科技提升门店体验 / 167

　　四、借助互联网思维改善用户体验 / 169

第十七章　服务精进：满足日渐挑剔的客户 / 175

　　一、人是万物的尺度，打造有温度的零售 / 175

　　二、学习日本零售业的暖心服务 / 177

　　三、不容忽视的售后服务 / 179

　　四、让顾客口碑相传 / 181

第五篇 零售+精细化管理：对"人、货、场"进行价值重构

第十八章　对"人、货、场"进行价值重构　/188

　　一、新零售需要匹配综合运营能力　/188

　　二、新零售商品定位的几种模式　/190

　　三、新零售企业的精细化管理　/196

　　四、员工行为的重塑　/197

第十九章　商业做到极致的秘诀　/203

　　一、商业做到极致，都会上升到哲学高度　/203

　　二、未来商业，因小而美　/206

　　三、用工匠精神对待零售　/207

参考文献　/210

后记　/212

第一篇

线上线下无缝结合的新零售：零售+线上线下互联

第一章
线下零售的痛点

一、电商的冲击

截至 2017 年 11 月 11 日 24 时,根据阿里巴巴集团公开的实时数据,2017 年淘宝、天猫"双 11 全球狂欢节"单天实现总交易额 1 682 亿元,其中来自移动端的订单高达 90%。

自 2009 年阿里巴巴集团开始策划"双 11 购物节"以来,短短九年间,从最初的 5 200 万元销售额,到 2017 年的 1 682 亿元,实现了三千多倍的增长(见图 1.1)。

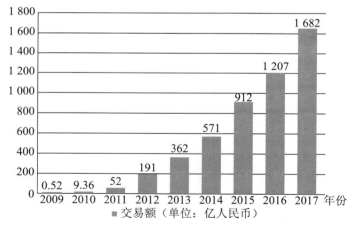

图 1.1 阿里巴巴 2009—2017 年"双 11"销售额

从表 1.1 看,阿里巴巴的电商销售额同我国近十年来的网络零售市场高速增值态势保持同步。

表 1.1　2008—2016 年网络零售规模占社会消费品零售总额比例①

年　份	网上零售总额（亿元）	增速（%）	占社会消费品零售总额比例(%)
2008	1 281.8	+138.4	1.3
2009	2 630	+105.2	2.1
2010	4 610	+75.3	3.5
2011	7 846.5	+70.2	4.4
2012	13 040	+66.2	6.3
2013	18 500	+42.0	7.4
2014	28 211	+49.7	10.6
2015	38 285	+35.7	12.7
2016	55 556	+26.2	12.6

通过表 1.1 数据可以看出，我国网络零售市场无论是绝对值、增长率，还是占社会消费品零售总额的比例，都处于高速增长状态。

网络零售从零起步，自 2008 年起进入高速增长阶段，到 2014 年网络零售规模占社会消费品零售总额比例首次突破 10%，2015 年，这个记录再一次被刷新，高达 12.7%。

这是什么概念呢？我们来做一下横向比较（见表 1.2）。

表 1.2　2015 年全球零售电商指数②

国　家	排　名	相对 2013 年排名变化
美国（United States）	1	+2
中国（China）	2	−1
英国（United Kingdom）	3	+1
日本（Japan）	4	−2
德国（Germany）	5	+1
法国（France）	6	+1
韩国（South Korea）	7	−2
俄罗斯（Russia）	8	+5
比利时（Belgium）	9	+15
澳大利亚（Australia）	10	−1

根据表 1.2 科尔尼公司的统计数据，可以看出我国的零售电商已经达到较

---

① 表格根据商务部和国家统计局公开数据整理。
② 美国科尔尼管理咨询公司（A.T.Kearney）数据。

高的发展水准，排名靠前。

有人欢喜有人愁，在以阿里巴巴集团为代表的电商新势力享受互联网红利的同时，传统线下零售业的生存空间被一再挤压。

2012年12月，在CCTV经济年度人物颁奖盛典上，阿里巴巴董事会主席马云与万达集团董事长王健林就"电商能否取代传统的店铺经营"话题，唇枪舌剑，展开激烈辩论。席间，在主持人鼓动下，两人掷下豪赌。

马云曾说："我先告诉所有的像王总这样的传统零售一个好消息，电商不可能完全取代零售行业，同时告诉你们，是基本取代你们……另外一个，今天电子商务不是想取代谁，不是想消灭谁，而是想建设更加新颖的，透明的，开放、公正、公平的商业环境，去支持那些未来成为中国最佳的像王健林这样的企业家。"

面对马云的咄咄逼人，王健林没有丝毫退让，予以正面回击，称："电商再厉害，但像洗澡、捏脚、掏耳朵这些业务，电商是取代不了的。我跟马云先生赌一把：2020年，也就是10年后，如果电商在中国零售市场占50%，我给他一个亿；如果没到，他还我一个亿。"

这就是当时博取无数眼球的世纪赌局——"马云王健林对赌一亿"，也是互联网电商同传统线下零售业之间的公开宣战。

此处，暂且不去验证赌局的输赢。在随后到来的2013年，各大财经媒体的报道中开始屡屡出现一个新词汇——关店潮，它深深刺痛了传统零售从业者，这些报道并不是捕风捉影、空穴来风，传统实体零售业确实在经历关店的阵痛。

2015年，成规模的传统零售业关店865家，2016年第一季度，国内54家零售企业中，有41家营业额有不同程度下降。进入2017年，关店潮仍在持续。

客观地讲，传统零售业关店的因素各种各样，有的是由于内部经营不善，有的是由于经营调整，有的是源于外部市场竞争，但它们都绕不开一个共同的跨界竞争对手——电商。电商已经成了传统线下零售业最头痛的一个竞争对手，也是一个最痛的痛点。

二、居高不下的运营成本

传统线下零售居高不下的运营成本主要来自两个部分：店铺租金成本和人力成本。

大多零售业是租赁物业进行经营，近年来，随着房地产价格的猛涨，各类商业地产的租金也水涨船高，致使店铺租金不断攀升。

早在2013年，经济之声《天下公司》栏目就报道过一个案例，引起广泛关注：

位于北京CBD核心地标国贸商城一层的"星巴克"咖啡，是"星巴克"在中国内地开设的首家店面，地处北京最繁华的商业中心，承载着很多北漂奋斗的回忆。

这样一家充满了历史的实体店，在2013年6月竟然宣布关门，而关店的理由竟然是承担不起高额房租。

国贸"星巴克"店的房租究竟有多高呢？一年的租金和人工成本总计超过700万元人民币。而根据"星巴克"2012年的财报，"星巴克"亚洲地区平均单店营业额为82.9万美元，约合人民币509万元。

一年的营收还不足以支付房租，难怪连"星巴克"都要关店停业。其他实体零售业经营者的情况，有过之而无不及。

在某二线城市核心地带经营箱包零售店的赵先生告诉笔者，当初，他盘下店面时，租金是每月30 000元，由于经营有方，他的店铺生意还算不错。不料等租房合同到期，房东直接将店铺租金提到了50 000元，且没有商量的余地。赵先生估算了一下，"这样的话，我平均每月要卖2 500个包，每天要卖80多个，才够交房租，赚的钱相当于都送给了房东，我就是在帮房东打工！"权衡利弊之后，他没有选择续租，放弃了箱包店的经营。

诸如此类的高房租逼走商铺的事情屡见不鲜。随着房地产市场的火爆，多地实体店铺租金每年都在以20%的速度高速增长，远远超过了商家经营收入的增长，给经营者造成了很大压力，即便是一些外资大型连锁零售机构也难以承受。

以上海为例，早在 2014 年年底，上海商铺租金已经是 20 年前的 5 倍，但实体零售业的销售毛利却几乎没有增加，逼得大批内外资商家纷纷关停门店。另外，即使是在一些二三线城市的中心商业街，一家专卖店的年租金也已经高达二三百万元，很多专卖店一年经营下来往往只能创造几百万元的销售额，除去人工、税费、水电等杂七杂八的费用，利润所剩无几，甚至入不敷出。

2016 年 4 月 8 日，商务部部长助理王炳南表示，在内贸流通领域，店铺租金占实体店经营成本的比率已经接近 30%，是实打实的三座大山之一。

除了高房租，让线下零售业难以承受的还有人工成本。

人口老龄化严重，员工流失率高，零售商家都面临招人困难的问题，传统零售业纷纷以增加员工工资来应对企业招工难，这直接导致人工成本的增加。

据统计，在 2014 年年底，上海人工成本相当于 20 年前的 20 倍，增速甚至高于店铺租金的幅度。中国人工成本激增，也是近年来值得关注的一个现象。

据英国《金融时报》报道，日本最大的航运公司商船三井株式会社，为了规避中国人工成本的激增，开始从中国转战人工成本更低的东南亚，在当地投资建厂、扩建码头。在三井的背后，是大量外资企业从中国撤资，前往人力成本更低的印度、东南亚等地投资设厂。

人力成本的不断攀升，同样波及了传统的实体零售业。

苏女士在东莞市某繁华商业区开了一家服装店，门面四十余平方米，年租金就要二三十万元。除此之外，每月还有包含 1 000 元左右的营业税、水电卫生费、消防费等，总计要 1 万元。另外，店里雇了两名店员，每人工资都在 3 000 元，一年也需要 7 万元出头。

核算下来，这家小店的成本就在 30 万元以上，分摊到每月，就是两万多元。苏女士经营的服装，价格不算低，多在 200 元至 1 000 元。就按均价 400 元计算，衣服进价 4 折，出货按 8 折计，那么每个月需要卖出 160 件左右，平均一天卖五六件，才能回本。

"各种成本，包括人力成本，太高了，实在承受不起，我打算裁掉一名店员，自己多受点累，不然怎么办呢？"苏女士的话语中充满了无奈。

店铺租金和人工费增加是传统零售业成本上涨的大头，这种境况下，对净利润率平均水平在2%～3%的实体商业，是一个绕不开的挑战和痛点，是实体零售业经营者不可承受之重。

2017年开始，各种线下无人零售店，加入混战，成为零售业新的搅局者，无人化的自助经营、两三平方米的角落小店，通过智能终端售卖至少解决了两个成本（彻底解决了人力成本，极大降低了店铺租金成本，提高了店面坪效）。

新的竞争对手的入局，更加凸显了传统零售在成本上的巨大压力。

三、差异化竞争优势不足

2017年7月3日，商务部公布了《中国零售行业发展报告（2016—2017年）》，报告显示，我国零售业整体仍处于增长态势，但不同零售业态的增速出现明显分化，其中，便利店、购物中心、超市等增长速度较快，而专业店、百货店的销售增长则相对缓慢。

商务部在报告中还特别指出，我国传统零售业，尤其是百货店、购物中心等存在严重的同质化现象，以百货业为例，所经营商品有87%都是雷同的，这导致零售商家缺乏差异化竞争优势，没有核心竞争力，为了生存只有进行低水平的价格竞争，导致全行业陷于微利困局，甚至是无利经营，难以为继。

近年来，传统零售业频现关店潮，不可否认，部分零售店之所以关门大吉，固然少不了电商的冲击，但更多的零售商是死于"内伤"，死于缺乏差异化竞争优势。修炼内功，与时俱进，打造差异化竞争优势，是传统实体零售业者应该持有的姿态。

差异化竞争（Competitive Differentiation）是一种战略定位，即企业设置自己的产品、服务和品牌以区别于竞争者。

众所周知，在市场中，全面超越竞争对手是很难的，要做得和竞争对手不一样则相对容易。不一样意味着差异化，意味着竞争优势。

传统零售业若要想杀出竞争惨烈的红海市场，发现蓝海市场，需进行差异化定位，拒绝同质化竞争。

如今，线上与线下零售生态圈、线下零售生态圈之间，同质化现象越来越

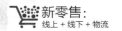

严重，如何在"二维"空间竞争中掌握主动权？差异化定位、差异化发展，将是零售商家未来打造竞争优势的关键所在。

实体商业同竞争对手（包括线上和线下）之间，不是你死我活的关系，而要取长补短，要互相学习、深度融合、优势互补、共生双赢。

差异化定位的核心，在于通过提供差异化的产品和服务，为消费者提供价值。让消费者认可和买单，来为商家创造利润，创造生存空间。

差异化定位，可从这几个角度切入。

1 经营模式差异

经营模式，即商业模式。它是一种战略武器，运用得当，威力巨大。

提及经营模式差异化，美国的"好市多"（Costco）的经验值得借鉴。在美国，不论电商还是线下零售店，能跟"好市多"正面竞争并获得优势的寥寥无几，这要归根于"好市多"的会员制模式。

"好市多"采取的是收费式会员制，消费者成为它的会员后，能以非常低廉的价格购物，前提是要在"好市多"进行"多频次、大额度"的购物，否则，就很不划算。

在采购上，"好市多"采取的集中式大量采购方式，品类不多，但是数量巨大，以此获取谈判优势，提高议价权。这样，虽然顾客在"好市多"没有更多选择，但实际上"好市多"已经帮助顾客找到了最合适、最便宜、使用频率最高的产品。

这种差异化经营模式定位，使得建立在会员制和独特商品目录上的"好市多"，能够有效地避开线上线下的惨烈竞争，可以避开零售业的价格战，且具有很好的品牌信赖度和品牌黏性。

2 品类差异

首先，打造同竞争对手完全相异的产品搭配。

实体商家要尽量避免在 3C 数码产品、服装产品等电商具有明显竞争优势的领域跟电商正面厮杀，要进行差异化产品定位。举个简单的例子：你是苹果，我是梨；你是香蕉，我就是草莓，就是要和你不一样。不一样就没有比较，没有比较就没有竞争。

又如，就图书零售而言，实体书店相对于网上书店，几乎没有什么优势，但是线下书店可以进行错位经营。电商经营新书，线下店可以经营特价书、旧书、稀缺书、名人签名书等。

其次，线上线下高低搭配，价位、档次错位。例如，可以把实体店作为高端店，经营高价正品时货，高质高价；将网店作为低端店，用于处理实体店的库存或过季商品，或者用来销售"网络专供款"。

这样，就能够有效避开正面竞争。

3 地段差异

通常，在城市的 CBD 等核心商圈，地价高，开店成本高，竞争激烈。

如何进行错位经营？可以将店铺开到二线商圈、三四线市场、农村市场、更接近终端消费者的社区。

苏果超市、五星电器，近年来纷纷调整发展战略，让渠道下沉，不约而同提到了"要把门店开到'犄角旮旯'去"。就是放下架子，从大城市转战县乡级市场，比如"苏果"相关负责人就表示："以后，大城市里基本上只开小的便利店，大的购物广场会开在小地方。"

"苏果"此举是为了避开竞争激烈、增长空间有限的核心成熟商圈，提升差异化竞争优势。

又如，经营者在某大型社区内开一家社区便利店、杂货铺，那么就能获得最大的经营优势——离顾客最近，这一优势，是任何竞争对手也无法替代的。

4 服务差异

服务本就是电商的短板，实体业态应仅仅抓住这一机会，进行服务升级，提升服务水准，靠温情的服务来打动顾客。

服务差异化策略实施到一定境界，不仅能形成的差异化优势，甚至也能将线下竞争对手远远甩在身后。比如，以"变态服务"著称的海底捞，不仅让餐饮同行嫉妒，甚至还引来了跨行业的学习者。

四、缺乏用户思维

新零售，从本质上而言，是传统零售基于消费需求提升的一种产业升级。观察那些逆势中高速扩张的新零售成功样本，它们无非是死磕并做到了核心的一点：一切从消费者需求出发。

换句话说，它们成功从商家思维切换到了用户思维。

从另一层面看，新零售可以看成是"互联网+传统零售"，而用户思维恰恰是互联网思维的第一核心，互联网思维引申出的其他思维都是用户思维在价值链不同层面的延展，比如雷军所谓的"专注、极致、口碑、快"就是用户思维的体现，周鸿祎所谓"体验至上、免费策略"也是用户思维的体现。

一般而言，商业可分为两大环节：创造价值环节和传递价值环节。传递价值可以解构为三个方面：信息流、资金流、物流。互联网首先通过自身的高效率，来缩短或者重构"传递价值"的商业价值链。

互联网为什么能够颠覆传统行业？因为从工具到思维，从产品到服务，从模式到人才，互联网企业都比传统产业的效率要高得多。互联网颠覆本质上是对传统产业核心要素的重新分配，是生产关系的重构，从而提升运营效率和结构效率。

这里所指的传统行业，是相对而言。谁是传统产业？用户需求得不到很好满足、效率低下、交易成本过高、用户体验不佳的行业都属于传统行业。

传统零售业借助互联网思维进行自我革新时，都要重新审视所处产业和自身价值链条的低效环节，并寻找提升的方法。

事实上，用户思维恰恰是传统零售业最为欠缺的，那些经营不善的线下零售业往往仍在固守商家思维、商品思维，而不去研究并设法满足用户日益升级的需求，那么在行业升级中被边缘化乃至淘汰，也就不难理解了。

用户思维关注的是活生生"人"，是一个个鲜活的用户，而不再是"物"，不再只是产品。它的聚焦点由产品、市场转移到用户身上。是用心去满足用户需求、消解用户痛点的一种思维模式。这种思维模式下，企业多维度的经营思路经过梳理后，最终被聚焦于用户本身，旨在以产品、服务、文化、精神和思想等各个层面，满足用户不断增长的个性化、差异化物质需求、文化需求和精神需求。用户思维也有三个明显特性。

第一，人性化。用户思维是基于特定用户，直接体现对用户的关怀、友爱、信任、尊重及成就等人性元素。

第二，个性化。满足用户的个性化、差异化、小众化需求，不再局限于大众化需求。

第三，多样化。从多个层面，以多种形态来满足用户需求。企业提供产品、服务仅仅是其中的一个层面、一个形态，只是物质的层面、服务的层面。用户思维的多样化特征更多地体现在对用户文化、情怀、精神和思想层面上的满足与关怀。

用户思维主导下的商家用户关系中，用户得到的不仅仅是物质层面上的满足，更有情怀、精神、文化和思想层面的满足。目的是让用户开心、快乐、愉悦，知识有收获、思想有提高、精神有升华，这是用户思维的真谛。

用户思维强调体验至上。要致力于消除用户体验的真空地带，好的用户体验应该从细节开始，并贯穿于整个过程，能够让用户有所感知，并且这种感知要超出用户预期，给用户带来惊喜，贯穿品牌与消费者沟通的整个链条。

未来的消费关系是：消费者需要什么，商家就提供什么，这是一个逆向满足的过程。整个社会的供应关系被摧毁重建，供求关系将发生大逆转，以往的生产、营销、渠道和盈利模式都改变了，零售商之间比拼的不再是商品和价格本身，而是谁能最先准确捕捉到消费者的需求，并且满足消费者需求的精准程度。

在这个买方市场时代，只有把目光真正从商品转向用户，商品才更具吸引力和生命力。

企业需要在价值链各个环节中都要"以用户为中心"来考量问题，从整个价值链的各个环节，建立起"以用户为中心"的企业文化，只有深度理解用户，企业才能生存。

第二章
传统电商的痛点

一、流量红利消失，成本居高不下

　　一切生意的本质皆流量，不论是线下零售还是线上电商，都离不开流量。线下商业，追求的是人流量和客流量。电商的命门也是流量，即网站（店铺）的访问量。

　　流量的获取，需要付出成本，传统零售业的流量成本非常高。电商的流量成本也在日益攀升。未来，谁能掌握流量入口，谁将获得竞争优势。

　　BTA（百度、腾讯、阿里巴巴）之所以位列中国互联网三巨头，在于它们分别掌握了互联网的三大流量入口——搜索、社交和电商，进而获得流量垄断地位，这是一种最高境界的垄断。

　　国内中小型电商早期的快速发展，主要得益于低成本。早期的互联网电商有"三个零"的说法：零成本、零时间、零空间。

　　电商初期的低成本，主要得益于电商平台的免费流量引导，比如，淘宝网早期就通过免费流量支持，捧红了一大批淘宝品牌。如今，这些淘宝品牌失去免费流量支持后，普遍进入发展瓶颈期，不得不花钱买流量。

　　通常，电商由于没有店面、没有过多的中间环节，享有得天独厚的成本优势。但如今，这种优势已不再。

　　我们来看一下传统实体零售和电商的成本构成，见图2.1和图2.2。

　　通过图2.1和图2.2对比，可以发现，在既定货品和商业模式下，影响传统实体零售业绩效的主要外部因素是地段与租金；影响电商绩效的主要外部因素是流量成本和物流成本。

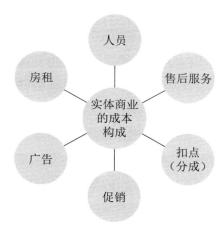

图 2.1 实体商业的成本构成

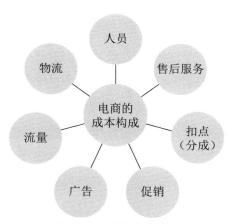

图 2.2 电商的成本构成

租金和流量成本的变化，正影响着传统商业和电商成本的变化。与此相反，电商的流量成本却越来越高，再加上物流成本，已经迫近黄金交叉点，电商成本一旦突破黄金交叉点，成本就要高于传统零售业，电商发展势头就会受到遏制。

这并非危言耸听，不论是综合平台电商，还是垂直电商，抑或寄存于各大平台的中小型电商，要获得流量，必须支付宣传费用，而电商产业结构的特点决定了流量成本将会越来越高。

大家普遍认为的电商成本低，如今已是一个伪命题。对此，苏宁集团副董事长孙为民曾表示:"比如大家普遍说网购便宜,为什么?因为效率高。但其实这个是伪命题,是经不起推敲的。(电商)成本并不低。尤其是做小件商品或者单价在一定范围内的商品,可以说线上没有优势可言。以图书为例,一本30块钱的书,打七折销售之后是21块,以做得最好的同城物流来算,一本书运费大概3块钱,那么还剩18块。然而这是以最低物流成本计算的,一般平均的物流成本大概是6~8块,做得不好的可能超过10块钱。还要扣除采购成本、网站维护费用、宣传推广费用,等等,所以没什么利润的空间了。做图书起家的亚马逊,后来的创新是电子出版。"

目前来看,电商业务模式确实存在高成本、低利润、亏损的缺陷,事实上,线下零售业成本结构比电子商务还要简单,成本还要低。这是一个值得警惕的趋势!

二、客户只对价格忠诚

"忠诚是人们内心深处拥有的一种情感投入,不管环境因素如何变化,也不管市场上存在什么样的吸引顾客做出行为改变的促销措施,人们在这种情感投入的驱使下,会在未来不断地重复购买相同品牌或者相同品牌旗下的商品。"

这是营销专家理查德·奥利弗教授对于忠诚的描述。

在商业行为中,顾客忠诚度有四个层次(见表2.1)。

表2.1 顾客忠诚度的类型

忠诚度类型	描述
冲动型忠诚	基于意向,这类消费者购买决策过程比较简单,易受外界因素影响,尤其是价格促销。冲动型忠诚者,很轻易就能被竞争对手更优惠的价格吸引过去
认知型忠诚	基于信息,比较理性。消费者更像一个产品专家,他们的购买行为是基于商品的功能特性、技术特性和性价比等综合信息。一旦市场上出现更好的产品,他们也乐于去了解、对比、尝试
情感型忠诚	基于偏好,消费者因为喜欢而购买,购买决策主要取决于消费者对企业和企业产品的态度。比如,哈雷摩托的发烧友,会一直保持对哈雷摩托及其周边产品的强烈购买渴望
行为型忠诚	基于行动,消费者形成了一种购买惯性,哪怕需要付出一定精力,克服一些障碍,也要去购买喜好的产品,比如一些"果粉"为了购买苹果新发布的产品甘愿彻夜排队

认知型忠诚和行为型忠诚要比冲动型忠诚和情感型忠诚，更加理性。其中，冲动型忠诚的忠诚度最低，维系时间较短；行为型忠诚的忠诚度最高，持续时间长，是最让企业和商家梦寐以求的忠诚度类型。

据统计数据显示：商家发展一名新用户的成本是挽留老用户的 3～10 倍，向新顾客推销产品的成功率只是 15%，向现有忠诚顾客推销产品的成功率则高达 50%。

致力于提高顾客忠诚度，是商业经营的重要辅助手段，在 20 世纪 80 年代，客户忠诚度计划被美国航空公司（AA）率先引入，此后，在金融、零售、电信、酒店等行业遍地开花。商家旨在通过忠诚度计划，来吸引那些最有价值的忠诚客户（见图 2.3）。

图 2.3　顾客忠诚度的衡量指标

国内消费者选择线上购物，基本还都停留在"冲动型忠诚"层面，消费者只对价格敏感，只忠于产品、忠于品牌（如耐克、苹果等）、忠于价格，而极少有人忠于电商平台、忠于商家。造成这种局面的因素在于以下几点。

1 电商频频打价格战

随着 B2C 竞争愈发激烈，加上国内网购人群缺乏忠诚度，同时产品同质化严重，价格战就成为一种最直接的营销工具，成为电商营销的一种常态。

据了解，在 2012 年"双 11""双 12"期间，国内九大 B2C 电商（京东、亚马逊、当当、苏宁易购、1 号店、易讯、库巴、新蛋、国美）纷纷打价格战，促销商品覆盖率超过 80%。

价格战能够带来短时间流量激增，同时也会带来持续价格战、顾客丧失忠诚度的恶性循环。

2 电商产品同质化严重

各大电商平台，经营产品同质化严重，以往，消费者的购物习惯是"买图书去当当，买电子产品去京东，买化妆品去聚美优品……"；如今，这种界限早已经模糊，电商平台纷纷追求"大而全"，吸引顾客最有效的手段只有价格战。同质化竞争带来的局面往往是，消费者想要购买一本书，极有可能会因为5毛钱的优惠就从"当当"转到"京东"。

随着第三方比价网站的诞生，更是为消费者在进行网上购物时找到最便宜、最合理的商品提供了极大的便利，同时，也让电商苦不堪言。

3 "低价—劣质—低忠诚度"的恶性循环

被电商拿来进行价格促销的商品通常有以下两种。

一是过时的库存积压品，虽然质量没有太大问题，但款式相对过时。一家品牌企业的老总非常直白地表示，他们参加"双11"主要目的是清库存。"为什么不拿新品做促销？主要是价格高，价格高消费者就不买账。"[1]

二是线上定制款，其款式虽然号称同专柜一样，但用料和专柜有很大差别，网上的款式原料成本相对较低。

此类商品当然难以达到消费者期望值，无形中会降低其购物体验，忠诚度更是无从谈起，因此会形成一种恶性循环。

三、用户体验上的先天不足

即使在电商发展最迅猛的时刻，我们发现一些线下商家的生意依然火爆，丝毫未见其受到冲击。

第一个代表是大家熟知的星巴克，在星巴克的各个门店，几乎任何时候都

---

[1] 齐嫒嫒.消费者为啥对品牌忠诚度不高.半岛晨报.2016年7月12日.

有人,甚至找座位都很难;第二个案例是瑞典家具品牌宜家,无论什么时候去,宜家线下商场的人都很多。

这是为什么?

答案就在于——体验制胜!

星巴克实际上卖的并不是咖啡,而是一种氛围、一种环境、一种体验,当人们在意的是消费氛围的时候,咖啡本身就已经不重要了,重要的是体验,顾客愿意为之支付高价。

而电商在消费者体验上却存在先天的不足。转化率,是衡量电商运营效率的一个重要指标。转化率指的是实际成功下单的顾客在总体访问流量中的比例。

电子商务转化率=交易次数/访问数

国内电商的一个共同痛点是——转化率普遍偏低。通常,国内电子商务网站的转化率都在2%～3%,很多网站可能远远超过或低于这个平均值。2%的转化率,意味着网站每迎来100位访客,最终只有2位是下单顾客(交易达成)。

电商在网站没有排名、没有流量的时候,电商主要致力于通过做排名来引流量,等网站排名有了,流量也有了,却发现转化率跟不上,最终的转化结果不理想,无论如何运作,转化率也难有实质性提升。

事实上,电商访客的购买决策受到诸多因素的影响,比如,电商页面设计、导航设置、商品展现、单品价格、活动焦点、客服服务、操作便利度、历史评价等任何一个环节都有可能招致访客不满,愤而离去。

以上环节,就像一个漏斗(见图2.4),将大量用户筛了出去,电商最终得到的是两个数据:高弹出率和低转化率。

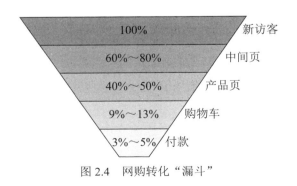

图2.4 网购转化"漏斗"

总体来说，消费者最终放弃在电商网站下单的根本原因有以下三个。

第一，价格因素。

第二，安全担忧。

第三，网站体验。

针对低转化率，各大电商使出了浑身解数，成效也不太明显，根本原因在于，相较于实体店购物，网购在用户体验上有着天然的劣势——存在用户体验的真空地带。

为了填补用户体验上的空缺，一些线上商家开始布局线下体验店。

"茵曼"是一个女装电商品牌，2011年，"茵曼"夺得"双11"天猫女装销售冠军。这一年，颇有先见之明的"茵曼"创始人方建华，就已开始尝试在部分北方二三线城市布局开设实体店。

"茵曼"增加线下战场，出于两方面考虑。

其一，经过高速发展的淘品牌增速趋缓，逐渐平稳，如优衣库、波司登、欧时力、ONLY等传统服装品牌先后逆袭线上，纷纷开设天猫、京东旗舰店，线上竞争日渐激烈，单品牌流量被分散。与此同时，淘宝、天猫、京东等电商平台的营销、管理费用与日俱增，冲淡了商家的利润。

其二，开设实体体验店解决消费者网络购物中的痛点——用户体验的不足，方建华称："电商的客户体验做得再好，也会有15%左右的退货率，这不是质量问题，而是在于尺码不合适，颜色有差异，或者身材差异、视觉效果差异等。"

实践证明，线下零售的体验式经济，能够更好地打动顾客，有效提升转化率。以"茵曼+"上海体验店为例，它达到了65%的试穿转化率。而"茵曼"即便是在"双11"期间，线上渠道也仅仅只有6%的转化率。这要归功于"茵曼"对线下体验店进行的商品陈列位置、购物动线、灯光效果等方面的优化调整。

尚品宅配是一家强调依托高科技创新性迅速发展的家具企业，起初，其产品销售主要依托新居网平台，从2010年开始，为了填补线上购物在用户体验上的不足，尚品宅配大举进军线下，在全国各地大量开设体验店，目前，尚品宅配在广州、上海、北京、南京、武汉等地共拥有38家直营店，在全国拥有1 000多家实体加盟店，2017年3月7日，尚品宅配成功在深圳证券交易所挂牌上市，股价连续多日涨停，迅速成为国内家居行业中首支股价破百的绩优股。

对此，尚品宅配董事长李连柱表示："互联网的消费交易的过程并没有体现消费者的体验，带给顾客情感的体验感是互联网零售取代不了实体店所具有的这个先天特性的。"

"逛街是一种生活方式、精神消费，不是落伍的休闲。"上海市消费者保护委员会副秘书长唐健盛说。

相对于部分喜欢"宅"在家里进行网上购物的消费者，更多的人喜欢到商场、实体店，边逛边买。线下商业能满足消费者集购物、娱乐、休闲、饮食、出游于一体的社会性需求，满足消费者拥有商品的即时性需求，便于消费者进行面对面选购，大大提升购物体验。

这是电商所不具备的体验空白，是电商在购物体验上的"先天劣势"。

除此之外，各大电商网站出于自我利益的考虑，纷纷设置了一些人为的购物障碍，也大大降低了顾客的购物体验。

随着 BAT 三大互联网巨头加速在国内市场的布局，各大电商纷纷选择"站队"，被三大巨头或入股或并购，随之而来的除了愈加激烈的竞争外，还有加速割裂的网购格局。比如，淘宝屏蔽了百度的搜索抓取，而在京东购物再也不能用支付宝付款，淘宝和微信也开始相互屏蔽……在最关键的购物支付环节，百度系电商大力推广百度钱包，腾讯系电商强行绑定微信支付，阿里系电商则当仁不让地首推支付宝。

这些人为地设置了用户的购物障碍，使网购体验越加恶化。据观察，有不少消费者都是由于支付不畅，支付工具的不匹配，而放弃网络购物。

第三章
新零售：商业元素的重构

一、新零售的诞生

由于传统零售和传统电商的局限性，新零售应运而生。

传统零售受时间和经营空间的限制，一方面经营成本过高，经营效率低下；另一方面也无法满足客户随时随地消费的需求，发展空间受限。

传统电商，其纯线上模式无法为用户提供面对面的直接体验，用户下单和收货中间有一个时间差，也会导致不良体验，是其先天短板。

马云曾指出：纯电商时代已经过去，未来十年、二十年没有电子商务这一说，只有新零售这一说，也就是说线上线下和物流必须结合在一起，才能诞生真正的新零售。

我要补充一句，未来，既没有纯电子商务这一说，也没有纯线下零售这一说，只有线上线下充分融合的新零售。

传统零售的生产要素是"人、货、场"；电商的生产要素是"人、货、场"；新零售的本质也是"人、货、场"，三者并没有本质区别，新零售只不过是对前两者的商业要素进行了重构。正如阿里巴巴集团提出的新零售战略思路：以天猫为主阵地，通过数据的运用，帮助品牌企业乃至整个商业对"人、货、场"商业元素进行重构。

不论旧零售，还是新零售，都脱离不开"人、货、场"三个核心要素，而国内各类新零售业态的快速崛起，则主要是得益于云计算、物联网、大数据和人工智能等新技术所提供的软硬件基础，同时强调线上线下一体化与融合，同时也离不开高度发达的现代物流快递行业，使得线上和线下融为一体能够变为现实。

未来的零售业态，将会以传统零售所涉及的环节 [如供应链、商品管理、营销、销售平台（空间）等以大（小）数据为基础] 来构建新的商业闭环体系，以提升消费体验为核心，以满足用户日益挑剔的需求为宗旨，来重构线上线下的"人、货、场"三要素，真正发挥"线上＋线下＋数据＋物流"的系统化优势，为未来的零售商家打造更为全面的竞争力。

传统零售业（包含传统电商和传统线下零售）对旧有商业元素的重构，表现在以下三个层面。

1 线下走到线上，线上走到线下

首先是传统零售业的集体"触网"，走到线上，纷纷开设线上商城和基于各大电商平台的官方旗舰店，2012 年前后，大批传统零售商和传统品牌开始发力于网上，它们将线下商品、将企业的部分运营能力和资源投放到网络渠道，爆发出了惊人的能量和增量。

另有一个值得关注的趋势是，曾经将线下实体零售逼得近无退路的电商巨头，而今纷纷进军线下，设立实体店，选择站到了自己的对立面。

据报道，电商巨头亚马逊的首家线下实体书店——位于西雅图的"Amazon Books"线下书店，已经于 2015 年 11 月 3 日正式对外营业[①]，"Amazon Books"展示出来的都是 4 星以上评论的图书，当顾客扫描其二维码后，就可直接从手机上看到其他用户对图书的评论。

这是亚马逊"逆袭线下"的第一步，目的是离消费者更近，为他们提供更好的消费体验。

在国内，如阿里巴巴、京东、当当、聚美优品等，也都纷纷从线上走到线下，争相开设实体店。2015 年 11 月 24 日，当当网宣城计划在 3 年内开 1 000 家实体书店，将涵盖 MALL 店、超市书店、县城书店多个类型，当当网第一家实

---

① 陶娅洁 . 网购时代 . 实体店"逆袭"有道 . 中国产经新闻报 . 2015 年 11 月 10 日 .

体书店布局长沙，占地1 200平方米，且线上线下同价。

零售业态的这些演变趋势，正应了马云的一句话——线上的企业必须走到线下去，线下的企业也必须走到线上去，线上线下加上现代物流，才能实现真正的新零售。

2 商家内部经营要素的重构

近年来有所突破的零售商家，多是从根本上解决了企业内部的认识问题、组织保障问题、线上线下组织关系和资源分配问题，今天的传统零售业要成功蜕变，走向新零售，不仅仅要完成在企业内部组织重构、部门重构、职能重构，还要利用互联网新思维来武装头脑，来完成商业上的进一步革新和演变。

鸡蛋从外部打破是人的食物，从内部打破就意味着新的生命。新零售企业的新生命，一定是由内而外。

3 线上线下无缝对接

新零售，不仅仅是线上线下的全覆盖，更重要的实现线上线下的无缝衔接，是对现有"人、货、场"的重构，以用户需求为出发点，以一流的消费体验为中心，重新组织商品，升级服务，重塑消费路径，进行整个产业链的重构，最终目的是让用户感受到商家无所不在的服务价值及服务品质，无限逼近消费者内心真实需求。

二、新零售是O2O模式的进化

新零售是O2O模式的进化，那先了解一下什么是O2O。

O2O即Online To Offline，是指"线下"（Offline）的商业机会和互联网（Online）充分结合，让互联网成为线下交易的前台，线下实体店成为交易的实体支撑。

O2O的概念源自美国，范围非常广泛，只要产业链中既可涉及线上，又可涉及线下，就能称为O2O（见图3.1）。

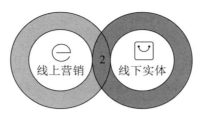

图 3.1 O2O 模式示意图

通俗地讲，不论是电商，还是线下实体零售，只要能实现兼具网上商城及线下实体店，并且网上商城与线下实体店全品类价格保持一致，都可称为 O2O，O2O 也可看作 B2C（Business To Customers，即商家对消费者个人）模式的一种特殊形式。

O2O 模式与 B2C/C2C 模式的区别表现如图 3.2 所示。

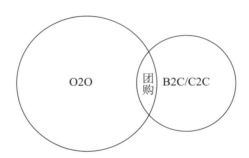

图 3.2 O2O 模式与 B2C/C2C 模式的区别

O2O 模式下，消费者在线上购买某项商品或服务，然后去线下享受服务。O2O 更侧重服务性消费（包括餐饮、电影、美容、SPA、旅游、健身、租车、租房等）。

B2C、C2C 模式下，则是消费者在线购买，在线支付或货到付款，购买的商品通过电商自建物流或第三方物流，送到消费者手中，B2C、C2C 更侧重实物交易（如电器、服饰等）。

O2O 模式与 B2C/C2C 模式的一个交叉区域是团购，它是一种特殊形式的商业交易形式，是低折扣的临时性促销。消费者通过电商平台，购买商品或服务的团购券，再持券前往线下实体店享受服务，如团购的餐饮券、优惠套餐、电影票、景点门票等。

O2O 模式由线下商家、O2O 平台和消费者共同构成（见图 3.3）。

图 3.3　O2O 模式的构成

这种模式的优势具有以下几个方面。

首先，线下商家能够降低对地理位置的依赖，减少租金支出，借助 O2O 平台进行精准营销和客情维护。

其次，O2O 平台也能吸引大量高黏度的消费者，进而实现良性循环，争取到更多的商家入驻。

最后，消费者也能及时了解全面、丰富、及时的商家促销信息，能够快速筛选并购买适合自己的商品或服务，且价格优惠。

O2O 模式能实现"线下商家—O2O 平台—消费者"之间的价值传递和互惠共赢（见图 3.4）。

图 3.4　O2O 模式价值传递闭环

据普华永道近期公布的一项调查显示：大多数消费者都期待能够通过线上

设备选购、支付和预订商品,又能在最方便的时间和地点提取商品。

这为传统实体零售业的 O2O 转型提供了发展契机。

2013 年,银泰百货开始试水 O2O,在百货店和购物中心全面铺设免费 Wi-Fi,通过大数据获取并分析顾客线上线下的消费行为(如电子小票、行走路线、停留区域等信息),以此来识别顾客的购物喜好、购物频率以及品类搭配习惯等重要信息,进而改善顾客的购物体验[①]。

此外,银泰百货与支付宝钱包达成战略合作,让顾客购物时可以实现手机支付,可有效将支付宝用户引流到线下实体店。为了方便顾客线上购买、线下体验,银泰还在旗下实体店配置了触摸屏,方便顾客进行网上订单查询、提货。

O2O 被视为传统零售的未来方向之一,与电商相比,线下零售在空间情景、人员服务、商品展示等方面优势明显,未来线下零售店的定位应当是——成为消费者即兴购买商品与服务的社区服务中心和生活百货馆,即消费解决方案提供者。

而新零售之所以被认为是 O2O 的进化,在于新零售不仅仅是传统线下零售的"双线销售",而且也是传统电商的"双线销售",更进一步讲,新零售也不仅仅是简单的"双线销售",线上线下全覆盖只是万里长征第一步,其核心在于零售商要真正从消费者需求出发,甚至让消费者参与到定制生产中去,实现消费者、销售商、制造商、服务商的良性互动,借用互联网技术,依托各种商业智能设备,在大数据技术支撑下,按消费者意志组织商品,使商品极大丰富,实现个性化、精准化销售,重塑消费者与商家之间的关系,打造新的商业文明。

此外,通过小米 CEO 雷军对新零售的建议——"新零售的本质就是实现线上线下相融合,用互联网、电商模式和技术帮助实体零售店改善用户体验,提升销售效率。"我们也不难发现新零售的本质:在新市场环境下,实现零售模式的重构与升级,以互联网和物联网、人工智能及大数据等新技术为驱动,做到对线上线下客户群体的全覆盖,致力于为消费者提供全渠道、全品类、全时段、全体验的新型零售模式。

---

① 朱丽. 实体店的未来:全体验化的便捷 O2O 模式. 中外管理杂志. 2014 年 7 月 13 日.

三、全渠道思维：新零售的全渠道与全生命周期

如果顾客打算前往某家实体店购买商品，但商店不在营业时间，这种情况下，顾客会做出什么反应呢？

我们看一下埃森哲咨询公司的研究数据（见图3.5）。

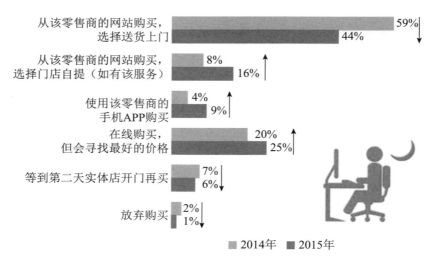

图 3.5　商店有顾客期待的商品，但不在营业时间，顾客选择对比图

从图3.5中可以看出：

（1）只有6%的顾客愿意等到第二天店铺营业；

（2）有63%的中国顾客期望能从该商家的网站或手机APP购买，这一比例远高于43%的世界平均水准；

（3）与往年相比，接受"线上购买送货上门"网上购物的消费者比例从59%下滑至44%；

（4）倾向于"在手机APP购买或网上购买后去实体店自提"的消费者比例则增加了一倍；

（5）有25%对价格敏感的消费者会因为商家不在营业时间而放弃购买，转而在网上寻找最优价格。

这些数据的意义在于，互联网时代的消费者面对近乎无限时间、无限空间的选择，变得越来越没有耐心，不愿意等待，希望能够即时购买，即时得到自己渴望的商品、服务。商家如果无法满足他们的这一需求，消费者就会转而寻找下一家。

零售商经营生态系统上的任一触点出现空白，或体验出现偏差，都有可能导致消费者的流失。

新零售对应的消费者有三种：社交消费者（Social consumer）、本地消费者（Local consumer）、移动消费者（Mobile consumer）。传统零售商之所以不能为消费者提供满意服务，在于其销售渠道过于单一，效率低下，传统的零售分销模式已进入微利时代，而全渠道零售将成为零售业的未来，线上线下零售商需以消费者为中心，整合线上网店、线下实体店，打造全渠道消费触点，旨在为消费者提供一致性、无缝的全流程消费体验，从而满足消费者购物消费、娱乐和社交的综合体验及需求。

新时期的消费者一次购买行为可能要横跨几个渠道。比如，消费者在线下零售店看到一款服装，经过试穿，找到适合自己的号码，想得到更实惠的价格，决定等回去后在网上购买。

可见，任何一个被独立分割的渠道都不能有效满足消费者的全部需求，因此，传统零售要着眼于布局全渠道，打通各个环节，充分增加消费者的接触点（见图3.6），让消费者能够突破时间和空间的限制，享受随心所欲的便捷购物、便捷消费。

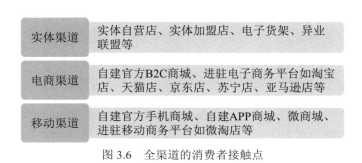

图 3.6　全渠道的消费者接触点

比如，优衣库就围绕消费者需求，建立了官网、天猫旗舰店、手机 APP、实体店等多个渠道，极大地提升了消费者的便捷度和购物体验。

从实践上看，全渠道的核心运营元素，即实体店、网店和物流的高度融合，使传统零售的"人、货、场"在物理空间和时间维度得到最大的延展，实现全渠道销售和全生命周期。

全渠道是对零售业的一场变革，既是对传统实体零售的变革，也是对电商的变革。全渠道的一个最大优势在于，所有零售终端都可以共同卖一盘货，同时又能做到对不同时间段、不同空间的消费者实现全覆盖。

传统零售商务做全渠道，就会遭到来自实现了基因突变的竞争对手的降维打击，天猫、京东、当当、亚马逊等电商是如此，线下的百货店、购物中心、超市、专营店、专卖店等也都是如此，用阿里CEO张勇的话——原有商业模式会被逐步淘汰。

四、全渠道的挑战：能否实现同款同价

实现全渠道布局的最终目的是做到线上渠道和线下渠道的充分融合，但眼下零售商的线上终端与线下终端往往是不融合的，甚至是自相矛盾，互相打架。

甲骨文公司于2015年发布的"零售无国界——洞察现代商业零售业"报告显示，高达78%的受访者称全渠道体验是提高消费体验的关键，他们希望所有渠道都能提供统一的消费和服务，包括：商品品质的一致性、服务水准的一贯性、价格的一致性、产品或品牌信息的高度一致性、服务的一致性、消费者体验的全周期一致性、跨渠道商品品质的一致性等。

其中对零售商最大的挑战在于，如何做到全渠道的同款同价。

1 第三方产品的同款同价

如果零售商经营的产品无法在系统内或同竞争对手实现同款同价，则价高的一方一定会被打败。

比如，同样是一本书，同样是正版，产品本身没有任何差异。在实体书店购买，需要原价，最多打个八折，而在网上购买能打到七折、六折，甚至更低。

又如，某知名国产家电品牌，以往只有线下渠道，终端被代理商、经销商

把持；现在有了线上渠道，终端由品牌商直供或特供。特供款和直供款，直接冲击了线下渠道，而品牌商的同款同价政策让线上终端又叫苦不迭。

全渠道不仅涉及线上线下的零售商，更涉及所售产品的品牌商，牵涉到复杂的利益关系，需要进行彻底的加盟分销体系变革。

即使是同一零售商系统内的某款商品的线上线下同价也很难推行，比如，苏宁在线下门店和线上商城苏宁易购采取的策略即是——平销（平常正价）商品，双线同款同价；促销（活动促销价）商品，活动期双线同款不同价。问题是苏宁各种名目的促销活动繁多，有时线下实体店促销，有时苏宁易购促销，有时苏宁易购第三方商家促销，最终使得"同款同价"的政策沦为噱头，搞得消费者也不买账，弄不清究竟是线上好还是线下好。

2 自有产品的全渠道同款同价

自有产品做到全渠道同款同价，比较容易一些，我关注过两个品牌，这一点做得比较成功。

一个是日本品牌"优衣库"，自2009年入驻天猫后，一直坚持线上线下同款同价；另外一个是中国品牌"海澜之家"，也是奉行线上线下同款同价的经营策略。

目前来看，这种策略是成功的。两家企业线上渠道销量在迅速增加，与此同时，线下实体店也在逆势增长，不断增开新店。

当然，线上线下同款同价，说起来容易，实则背后会涉及错综复杂的利益纠葛，也事关品牌的运营水准。这是针对大型连锁品牌而言的，对于中小型实体商家，由于议价能力有限，更难以争取到"线上线下同款同价"的优厚待遇。

3 被玩坏的"网络专供款"

随着网购的兴起，消费者被吸附到线上，同时，传统商家吃透了消费者的心理，顺势推出各种网络专供款产品。

网络专供，顾名思义，只供网络渠道销售。同实体商场、专柜供应款相比，从外观上几乎识别不出来差异，"貌似"同款。但网络专供款，由于价格更低，虽然质量没问题，也属正品，但在用料上、功用上会有所缩水。

例如，刘女士在某电商网站看到一款某知名品牌的羊绒衫，售价只有商场专柜的30%，便抓住机会，一次性给父母买了三件。

结果，收到货之后发现手感跟商场专柜货品相差甚远，她仔细对比了一下，才发现专柜销售的羊绒衫羊绒含量为80%，而她购买到的网店"同款"羊绒含量只有35%。

这一发现让刘女士气愤不已，遂去找网店客服理论，对方倒也坦然，直白地表示，"这本来就是网络专供款嘛！要不然怎么可能打三折？"

事实上，各大厂家设计"电商专供款"产品早已是公开的秘密，只不过很多消费者还被蒙在鼓里。

在大型家电领域，"差别供货"早已是公开的秘密。为了应付那些爱打价格战的电商，生产厂家就单独为电商渠道定制"专供机型"。

"同一个厂家生产的平板电视、冰箱、洗衣机等产品，供应给实体卖场和电商渠道的货并不一样。"一位在广州从事某品牌家电销售的资深人士透露："即使是同一型号的产品，'电商版'在外观设计、液晶屏类型、底座选材、能效等级上也都会有不小差距。"

在卫浴领域也是如此，TOTO卫浴商场实体店销售人员称："你对比一下（线上线下产品价格），一个卖几百块，一个卖上千块，价格差距这么大，（产品）怎么会一样呢！"

汉斯格雅销售人员更是直接称："网上的不要信。"

卫浴厂家也证实了这一点。

法恩莎卫浴事业部总经理方春表示："天猫商城与线下产品线'是不一样的，价格也有差异'。在天猫上会推出一些电商专供的产品，这部分产品会比专卖店价格稍低。"

箭牌卫浴电商总监杜博也表示："箭牌卫浴天猫旗舰店产品80%是网络特供，质量没问题，都是同一生产线生产的。"

网络专供款多是廉价款，长期为之，不仅会冲击线下渠道，也会损害品牌形象，打击消费者信心。

第四章
新零售的本质

一、新零售的本质是效率革命

我们先来回顾一下零售业的演变史。

1 第一次零售革新：百货店

1796年，Harding Howell & Co 的"大时尚杂志"（Grand Fashionable Magazine）商店在伦敦开业，被认为是第一家真正意义上的现代百货商店，用来销售毛皮、日用杂货、珠宝、钟表以及女帽制品等。

百货店的出现，彻底打破了传统零售业的小作坊式运作模式。百货商店改变了零售业的两端：在生产侧，能够大批量组织货源，支持商品的大批量生产，降低了生产成本；在消费侧，像博物馆一样，陈设大量五花八门的商品，使得消费者的选择余地大大增加，且百货商店巨大的购物空间和良好的购物环境，让消费者可以实现"一站式"消费，让购物真正成为一种娱乐和享受。

2 第二次零售革新：连锁店

连锁店是百货店发展到成熟阶段的产物。1859年，世界上第一家近代意义的连锁商店——美国"大西洋和太平洋茶叶公司"成立，正规连锁商业公司拥有完备的统一管理和规模运作系统。同一品牌的连锁店可以分布在更广的范围内，一方面提升了零售企业的品牌知名度和实力；另一方面也可以大大降低成本，提高门店运营效率，使得消费者的购物更为便捷。

3 第三次零售革新：超级市场

超级市场，又称自选商场。最早出现于20世纪30年代，超级市场将各类食品、家庭日用品分门别类地陈列于货架上，采取开架销售、顾客自我服务的模式，提供了全新的购物体验。现代超市还引入了科技含量极高的收银系统、订货系统、核算系统等运营支撑体系，极大地提高了商品的流转速度和周转率。

4 第四次零售革新："互联网+"新零售

20世纪90年代，随着互联网的普及，电子商务开始诞生并高速成长，由于突破了传统零售在物理空间和时间上的限制，电商所售商品近乎无限，消费者拥有了近乎无穷的选择。另外，由于电商颠覆了传统零售的分销体系，改变了传统零售的成本结构，使得商品的价格大大降低，让利于消费者，提升了运营效率。

很快，在电商的步步紧逼下，传统线下零售开始"反扑"，进军线上，零售O2O模式四面开花。与此同时，生存空间遭受蚕食的线上电商也纷纷开通线下实体店、体验店，推进线上线下一体化的全渠道新零售商业模式。在互联网技术和现代物流的助推下，各种新零售业态开始风生水起。

通过零售业的发展史，可以发现一条隐藏的路径，零售业的每一次革新，其本质都是为了提高零售服务的效率，都是在围绕"成本、效率、体验"做文章，当线下零售不足以满足消费者需求时，电子商务应运而生，当纯粹的电商不能为消费者提供完善的消费体验时，强调线上线下充分融合的新零售随之瓜熟蒂落。

如果对零售业而言，发展是硬道理，那么有效发展才是真理。

京东CEO刘强东将零售分为四种业态（见图4.1）。

在刘强东看来，这四种零售模式是不断更替的。促使这种更替的，除了不断提升的顾客体验之外，还有一个重要原因在于零售业态背后的运营成本和运营效率。

零售业发展趋势是：高效率低成本的零售业态将会取代低效率高成本的业态。

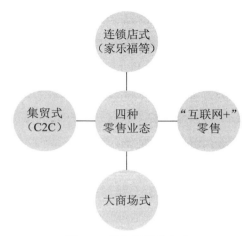

图 4.1 零售的四种业态

第一，传统集贸式零售业态的运营效率较低，平均的库存周转天数 50～100 天，且成本较高，经过"全国总经销商、省经级销商、市级经销商、县级经销商到批发商"层层加价，最后，消费者要为此付出 30%～50% 的额外成本。

第二，大商场式业态，通常也需要 25%～35% 的渠道成本，需要 50～70 天的周转期。

第三，连锁店式零售业态，能够将费用率降到 20%，甚至 20% 以下，能把库存周转天数控制在五六十天，明显优于上述两种业态，因此，竞争力更强。

京东的成本和效率管控又是什么水准呢？

刘强东的答案是："京东电商的成本费用率从来没有超过 12%，你在财报上看到我们费用率可能 14%，因为有'到家'，有很多其他成本放到一块了，纯粹看电商我们费用率只有 12% 左右，第一次把整个渠道的成本降到了 12% 以内。我们库存周转天数只有 30 多天，我们库存管理了 200 万种的产品，传统零售库存管理只有 5 万种，最多没有超过 15 万种，沃尔玛全球的产品总数只有 15 万种，但是京东管理着超过 200 万种的库存产品，全国 200 个库房，我们依然能把周转天数控制在 30～40 天。"①

---

① 2016 年 6 月 16 日北京举办的"互联网+"峰会上刘强东的发言内容。

从成本和效率数据上看，京东已经优于其他传统零售业态。

无论怎样演变，零售的本质是不变的。未来，零售业可能会演化出更多新的业态，但无论怎样发展，最终一定还是会紧紧围绕"成本、效率、体验"来推进，用雷军的话说："新零售的本质是效率革命。"

二、新零售没有固定的图谱

新零售包含三个核心要素：线上、线下和物流。

看似简单的三要素如何去组合，才能形成新零售的竞争力？

没有固定的答案，背后可能有成千上万种方法等待零售商去尝试、去验证，新零售并没有固定的路线图和一劳永逸的商业模式，应当提倡的是根据企业实际情况所进行的因地制宜的创新和精进。

常见的新零售进化路径有以下几种。

1 零售+生态

零售生态系统不仅包含线上、线下和物流，还涵盖了上下游的合作者甚至于内部员工，零售+生态经营的即是新商业模式，更懂得经营的合作伙伴、经营人（消费者和内部员工）。

国内零售+生态系统做得最成功的要数阿里集团，从宏观上看，自2016年马云在杭州云栖大会上提出新零售概念后，阿里巴巴就在新零售领域展开了行动和布局，先后参股苏宁云商、三江购物，战略投资盒马鲜生，再到对银泰的私有化。此外，再配合马云的个人影响力和全球资源、货源整合能力，一个庞大的阿里系新零售生态初见端倪。

在微观层面，阿里巴巴通过大数据等新技术来升级智慧型零售门店，提升运营效率和消费体验，以全面贯通线上线下商品销售、支付、物流、会员服务等整个商业生态体系。

根据阿里巴巴2017年第三季度的财报显示，阿里电商业务收入达465.76亿元，同比增长45%，阿里大力布局新零售战略的成果已初步显现。

未来，一旦阿里系零售完成"零售＋线上＋门店＋物流＋大数据＋体验"的全面布局和新零售基础设施建设，即零售＋生态的成熟，将会形成真正意义上的阿里系零售，极有可能对非阿里系零售实现降维打击，形成致命威胁。

2 零售＋全渠道

全渠道并非简单地给渠道做加法。

不少线下零售商认为，所谓新零售全渠道，就是将产品、服务搬到线上去销售，去开个网店，去跟团购平台合作，推出团购套餐，或跟外卖平台合作，让消费者在网上也能找到自己，这样就做到了 O2O 的跨越，实现了新零售全渠道。

对于线上电商，也是如此，全渠道并非只是在线下开设一些实体店、体验店那么轻松。其实，不论是线上和线下都绝非只是作为一个销售渠道，就像京东的崛起不是把货品放在网上销售那么简单，而是一项系统工程，一种系统思维。

新零售全渠道要做到两个关键词：链接与融合。

所谓链接，背后是大数据、新物流、移动技术的较量，具体而言则是衡量零售企业竞争力的全新网络和移动互联网系统、数据管理系统、线上线下交易系统、全新的物流配送及商品采购体系、基于线上线下营销的全新商品结构和商品管理体系、全新的支付结算体系。

所谓融合，则代表着企业经营思维和经营思想的与时俱进，如果传统零售企业只是完成了形式上的变革，而企业领导人和决策层的思维模式却没有根本转变的话，那无异于"旧瓶装新酒"，此类新零售转型仍将会举步维艰。零售＋全渠道不仅仅表现在战术层面，更体现在战略层面——企业要真正学会从"人、货、场"价值重构的方向进行思考，形成新零售思想体系，建立以人为本的商业理念和具有前瞻意识的经营思维，并为此做好组织变革和相应的人才储备。这是传统零售企业实现新零售变革的基本战略支撑。

3 零售＋体验

同拥有庞大用户消费数据记录的大型电商相比，一些传统零售商尤其是中小零售商在打造生态系统和构建全渠道运营上并不占优势。

我们知道，新零售是建立在消费升级的基础之上，消费者需求的升级在倒逼零售业的整体升级，随之而来的是"零售＋体验式消费"的兴起，如果零售商家集中优势资源，专注于消费体验的提升，在用户体验上形成独特优势，那么也是很难被颠覆掉的。

这一点，日本的零售业值得我们借鉴。

（1）深耕线下实体。在日本基本没有"关店潮"一说，原因在于它们的实体商业有很强的竞争力，并未受到线上的强烈冲击，而且线下实体零售店擅于运用场景化解决方案，通过精细化的供应链管理系统来降低成本、提高效率、优化体验。

（2）提供高附加值的优质服务。日本消费者面对提供琳琅满目商品的电商平台，更喜欢前往实体零售店消费，因为日本线下商家所提供的充满耐心、真心、礼貌、周全、细致入微的服务给消费者带来的体验是线上电商难以达到的。

4 零售＋投资

传统零售商进阶新零售，最简单直接的方式是什么？是投资，即通过投资和入股的形式来整合、扶持同自己互补或具有新零售基因的竞争对手、创业公司，这种体外孵化通常借助资本的力量就可以实现，我们看到，最擅长此道的就是阿里巴巴等实力雄厚的企业。

在筛选新零售投资对象时，阿里巴巴有以下几条衡量标准。

第一，投资对象是否能为企业获得新增量用户，或者进一步跟用户接触和有增量用户入口的机会。

第二，投资行为是否有助于提升用户的体验，特别是服务体验。

第三，投资行为是否有助于整个行业变革性技术的创新与发展。

三、新零售仍是零售

新零售开启的是新商业时代，当前，国内线上和线下的传统零售商都面临来自竞争对手的压力和增长压力。于是，线上线下渠道融合就成了新的增长动力。

一方面，互联网电商开始大举进军线下，如阿里巴巴联姻银泰、百联集团、联华超市、三江购物、盒马鲜生等线下实体商业打造新零售生态系统；京东则宣布要在 5 年内开设 100 万家线下零售店，同时携手沃尔玛开启"88 购物节"网；小米 CEO 雷军也表示未来争取开 1 000 家线下零售店；当当、亚马逊开设实体书店，亚马逊还推出了便利店。

另一方面，一些线下传统零售企业，也在往线上渗透，如永辉超市联合京东布局 O2O、电商，宜家家居也开始试水电商。

线上线下的融合趋势，让线上和线下的边界越来越模糊，通过两个现象，会更好地证实这一点。

1 实体零售的"展厅现象"

曾经，电商因其价格优势，很多消费者都会先去实体零售店体验产品后再在网站上下单，使得实体零售店一度沦为电商的"展厅"，消费者成了"线下选、线上买"，只看不买的"打样"族。这种现象也被称为"展厅现象"。

2 线下逆袭的"反展厅现象"

电商的繁荣培育了消费者，面对电商各种营销噱头、各种换汤不换药的促销方式以及层出不穷的网购陷阱，消费者对于网络购物的态度也日趋理性，消费市场因之出现"反展厅现象"，即消费者在网上搜索对比产品后，最终前往实体零售店购买。

来自 eMarketer 全球零售市场新指数显示，2015 年美国近 8 成消费者更喜欢在实体店购物，网购的零售收入占比只有 6.5%。另有 70% 的全球受访者表示，他们在网上浏览产品，但决定在门店购买。①

在趋于理性和追求品质生活的国内消费者中，反展厅现象也在蔓延。

---

① 胡潇予．比价格拼体验　家电卖场逆袭电商．潇湘晨报数字报．2015 年 11 月 5 日．

案例1：李女士是一名购物达人，2016年"双十一"期间，在某家具旗舰店，看中一款液晶电视，标价6 880元，选择送货上门并安装还需另外支付200元。李女士没有贸然下单，她发现同品牌同款电视在实体家电卖场的标价也是6 880元，还可以享受9.7折优惠，且免费送货上门安装。

经过比对，李女士选择线下实体店购买，优惠力度更大，还节省了安装费用，送货安装效率更高，在实体店购物的性价比已经超出了网购。

案例2：小刘在某购物网站看中一款阿迪达斯T恤，标价179元，低于商场专柜标价，高于网上横行的仿品，他担心网购到高仿商品，便到商场专柜找到了同款，发现打折后价格为189元。

小刘毫不犹豫地选择了在商场专柜购买，一来专柜优惠力度很大；二来不用担心买到假货，还能试衣体验，当即提货。至于那10元的差价，在小刘看来几乎可以忽略不计。

3 线上线下的界限日渐模糊

案例的两种情况，尽管同时涉及线上线下，但最终的成交方比较容易界定，或者是"电商引流，线下成交"，或者是"线下引流，电商成交"。

还有一种情况，线上线下商家高度融合，甚至合二为一。这样无论消费者选择何处成交，最终的收益都归属同一方，实现了"一对一"精确引流。

比如，消费者前往某商场艾格（Etam）服装专柜，发行喜好的一款外套却没有适合自己的尺码，于是在店员的推荐引导下在该品牌的天猫官方旗舰店下单。

又如，某模型玩具店通过微信朋友圈发送商品信息，消费者看到信息选择了网上支付、快递上门的购买方式。

以上交易模式，从统计学上已经很难辨别出成交的实际归属方为电商还是线下店商。线上（电商）和线下（店商）的界限已然模糊，就整个零售业来说，竞争不再简单是线上和线下模式的竞争，而开始回归零售的本质：谁能更好、更高效地服务消费者。新零售仍然是零售，其本质和基本逻辑并未改变，改变的只是各种外在形式（商业模式）和手段（技术、服务手段）。

第五章
新零售＋新物流

一、新零售呼唤新物流

新零售＝线上＋线下＋物流。

新零售之所以新，很大一方面因素是新在物流上，新在智能物流。物流是连接线上线下的一条重要纽带，如果高效智能的物流体系跟不上，那么真正意义上的新零售也就无从谈起。

在线上线下与物流充分融合的新零售业态中，物流配送是一个至关重要的环节，新零售时代，成千上万的消费者及其提交的海量订单，通过信息数字技术实现快速高效匹配，紧随其后的物流配送环节将会决定消费者体验的优劣。一方面，小批量、多批次的城市配送订单大量增加；另一方面，对多点配送的需求也在激增，发货时间不定、发货地点分散、货品类型繁多的新零售配送需求，对传统物流体系提出了极大的挑战。

新零售环境互换新的物流供应链，"新零售＋物流"融合的重要性，通过每年阿里巴巴电商平台的"双11"大促活动就可窥见一斑，大量线上品牌商的成交额动辄以数亿元、数十亿元计算，如果这些订单不能够快速、及时、准确地送达消费者手中，将会对品牌形象造成严重的损害。实现这一点，有赖于高效、精准的物流供应链交付体系的支持。

而传统物流供应链链条过长，涵盖货主、物流公司、承运商、专线物流、终端客户等诸多环节，且多是以"点到点"的运输为主，效率低、耗时长、用户体验低，显然不足以满足新零售的要求。

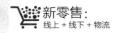

将以往散（运力散）、乱（管理乱）、差（服务差）、慢（耗时长）的传统物流升级成高效、精准、快捷的新物流供应链交付体系，便是物流和新零售融合的过程。

从实践角度看，目前传统物流在新零售的驱动下正处于高速迭代升级过程中，"互联网+"和大数据技术正在重构物流体系，线下与线上融合，物流与产业融合，物流与资本融合成为新时期现代物流的主要特征，服务新零售的新物流体正呼之欲出。

在新零售的诸多生态环节中，物流供应链交付环节存在极大的提升潜力和商机，源于消费升级的新零售转型，一个重要方向即运用新技术、新思维来加速商品的流通性，使得商品能够快速从上游环节抵达消费端，这是物流供应链发力和交付的过程，因此说新零售转型离不开"零售+物流"的融合。

未来，新零售物流体系将呈现以下三大发展趋势。

1 送达速度更快

新零售的本质是效率和体验，物流配送体系将商品以最快的时间送达消费者手中，才会给顾客带去良好的消费体验，提高运营效率。未来，新物流的送达速度会越来越快。

新零售商，通过对线下仓储设施的布局，来缩短优化物流配送路径。比如，一直致力于投巨资自建物流配送体系的京东，早在2015年年底，其仓储配送就已经可以满足98%的京东自营商品的物流需求，其中超过85%的订单可以实现当日（送）达和次日（送）达。同时，根据客户的不同需求，京东的物流配送体系还可以提供夜间配（晚上7—10点配送）、极速达（两小时内送达）等个性化配送服务，创下了电商配送的中国速度。

由阿里巴巴主导发起的菜鸟网络，通过整合各大物流公司、商家、消费者以及第三方社会机构的数据，也大大提升了物流配送速度，目前，菜鸟网络已经能够提供类似京东物流的配送服务，如两小时极速达、当日达、次日达、承诺达、夜间配、预约配送、大家电当日送装等配送服务。未来，菜鸟网络还将引入雷达预警、智能分仓、四级地址库、电子面单等技术和硬件设施，来提升物流配送过程的库存效率、商品处理效率以及送达的准确率。

2 本地配送量将激增

随着新零售线上线下一体化进程的加快，大量线下实体零售店纳入新零售范畴，实体店将会成为新零售物流配送的末端节点，大大增加本地物流配送的订单量。消费者也越来越希望可以在就近的门店直接提货，曾经由优衣库开拓的"线上下单，线下提货"模式如今已经遍处开花。未来，新零售驱动下的本地化配送量将会激增，将来的零售商货物将不再单纯围绕传统的电商模式进行配置，而是致力于实现"线上下单，就近配送"，根本出发点在于为消费者提供个性化配送服务和极致的消费体验。

3 优化供应链，实现零库存

借用马云的一个观点："物流公司的本质不仅仅是谁比谁做得更快，而是真正消灭库存，让库存管理得更好，让企业库存降到零。"

新零售体系下的供应链有赖数据驱动，通过大数据技术，可以用来分析商品的历史数据、季节因素、购买因素等相关指标，来合理规划销售及仓储，对零售商的采购计划和供应链管理进行数据支撑，并指导备货管理，直至消灭库存。此时的物流配送中间环节将会被最大限度地压缩，商品在途时间会被压缩到极限，零售商的仓储系统更多扮演的是中转、流转的角色，不会再出现货物长期积压在仓库中的状况，货物永远在路上，供应链高速运转，实现近乎零库存的目标。

二、新零售的新能力之——智能物流

目前，京东、阿里巴巴、亚马逊等强大的电商平台，正加紧对智慧物流系统的布局。京东陆续推出无人机、京东无人仓以及京东无人车等一系列备受瞩目的尖端人工智能物流设施，亚马逊在全球布局智慧物流中心；阿里巴巴则加快对菜鸟的网络布局，着重打造智能物流骨干节点城市。

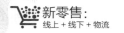

新零售对智能物流的要求有：要能够精准预测销量，高效处理调拨库存，能够以更高的效率、更短的链条、更低的成本、更优质的体验将商品快速送达消费者手中。

如何打造新型的现代智能物流，这里有一个关键衡量指标——搬运次数。

所谓搬运次数，是指产品从厂家生产出来，直至送达最终到消费者手中，中间所需消耗的周转次数。举例来讲，华为手机从工厂生产出来，经过区域经销商、省级经销商、地级经销商，最后到零售店，再到消费者手中，整个生产流通销售过程中产品被运转的次数，即是搬运次数。据统计，我国商品的平均搬运次数为7，这意味着极低的物流效率和极高的成本浪费。

再来看一下京东物流，它的商品平均搬运次数只有3次，大大提高了物流配送效率，京东是如何实现这一点的呢？

京东智能物流通过大数据技术，可以精确预测到各个地区对相应商品的需求量，使得其配送环节大大简化，通常是产品从厂家到京东的区域仓储中心，由仓储中心再分拨到消费者所在城市，最后送到消费者手中，整个搬运次数仅需3次。

另外，京东物流系统通过对既往消费行为大数据的分析，能够精准预测到某个地区在某个时段对某种商品的大致需求量，再将需求量反馈给最近的制造商，下订单并指导厂家生产，或直接从商家库存调货到相应区域，使得零库存成为可能。

同时，京东物流将线上销售、线下生产和配送紧密融为一体，大大提升了商品生产、销售、流通和服务的效率，不仅缓解了自营物流的压力，也降低了生产商和京东自身的库存压力。快捷的物流配送，也极大提升了消费者的购物体验，已经接近新零售对现代智能物流的高标准和高要求。

2007年，京东拿到第一笔风险投资后，刘强东即力排众议投巨资开始推进自建物流战略，经过十余年的长期战略投入和战略性亏损，如今，京东自建物流的积极效应已经初步显现。

据统计，截至2016年第一季度，京东已经布局建设了209个大型仓库，在全国范围内，建立了6个"亚洲一号"区域性智能物流中心。另外，京东还拥有将近 6 000 个配送站和自提点，其自营物流体系已经覆盖到全国 2 493 个区（县）。京东耗巨资打造仓储物流配送体系"重资产"，成就了企业的核心竞争力，到 2016 年，京东日均处理订单高达 400 万个，其中 98% 的订单可由自建物流系统进行配送，约 90% 的订单能够实现当日达和次日达配送，配送速度和顾客满意度远远领先于竞争对手。

京东物流的快只是表面，能够做到"快而不乱"才是京东物流真正可怕的地方，这得益于京东自成立之日起就开始自主研发的一套物流配送数据系统，即被京东内部成为"青龙物流配送系统"的秘密武器。

据悉，京东包括仓库分拣中心、配送站、配送车、配送员等在内的物流网络构成要素都是由青龙系统来指挥协调，它的独特之处在于以下几点。

第一，可实现预分拣。分拣系统是京东物流系统中的重要一环，青龙系统可以让分拣中心做到预分拣，能够让仓储中心提前备货，乃至让供应商提前生产，而且能够实现订单的自动分拣，保证全天候服务。

第二，实现全网跨平台运营。青龙系统改变了商家传统的等单送货模式，使得京东配送系统能够实现业务多样性，打通整个供应链运营环节，直至做到开放平台支撑，以实现全网跨平台运营。

第三，优化、跟踪配送线路。在商品出库后的运输和配送环节，也能够得到青龙系统的支持和保障。依托京东大数据，能够对货物的运输和配送路线实现优化，提高配送员的配送效率，该系统甚至能够实时监控到每一辆配送车、每一名配送员所处的位置和任务完成情况，最大限度地避免了意外和延时的发生，即使偶有异常，也可迅速采取补救措施，调集力量支援。

京东的自建物流体系极大提升了物流配送的运营效率和消费者满意度，也让京东物流配送体系一跃成为行业标杆。由阿里组建的菜鸟物流也是在朝这个方向努力，一旦这样的物流体系被推广起来，将极大缓解商家的物流成本压力，为新零售的发展打下坚实的基础。

对于无力或无意进行自营物流体系建设的零售商而言，要实现线上线下一体化的新零售，就务必要考虑物流配送的问题，究竟是采用自助模式还是借助第三方物流平台，进入第三方物流系统，实现战略合作，也是一个迫在眉睫的问题。

三、物流云升级

据阿里巴巴公布的截至 2016 年 12 月的季度财报显示，菜鸟网络的日均处理量已经高达 5 700 万个。这等数量级的物流配送，单靠传统的人力模式很难确保物流配送工作的高效、精准开展，必须要借助大数据和云计算技术，来对物流配送进行合理的预警、分配、规划、监控和调整，物流云应运而生。

物流云是基于云计算技术的物流信息服务平台，目前，阿里旗下的菜鸟网络联合阿里云推出了"鲲鹏计划"，致力于将阿里新零售生态内的物流系统送上"云端"。

菜鸟物流云以阿里云的强大计算处理能力为支撑，用来帮助物流企业建立物流订单所涉及的线路连接和大数据沉淀等后台任务，提供智能物流服务。韵达快递在启用菜鸟网络的云服务后，建立了更可靠的服务系统，大大降低了系统的架构单点故障率，云上数据交互和计算能力得到大幅度提升，同各类零售、电商平台的业务对接效率提升了十倍以上。同时，韵达快递为智能化改造所付出的基础设施成本也得以大大降低。

随着订单量的猛增，国内物流快递行业逐渐成为黑客们的攻击对象，用户数据丢失、企业商业机密泄露、系统因攻击而瘫痪的风险巨大。而物流云不仅能够有效抵御外部的黑客攻击，大大提升物流行业的安全系数，同时也能够满足物流企业因业务量瞬时猛增而要求的系统瞬间弹性扩容，不必再担忧系统崩溃的现象发生。

其他电商巨头也在加速布局物流云。为加速物流云生态布局，2016 年 10 月，苏宁在南京空港经济开发区投建的航空物流园进入实施阶段，该物流园占地 2 500 亩，具备航空基地、物流云综合平台、跨境电商、社会开放平台等融合线上线下、空中地面的全方位综合物流云处理功能。南京航空物流园是苏宁物流云平台的重要构成部分，将有力支撑苏宁"线上 + 线下 + 物流"的新零售业务发展，也能加大苏宁在自营物流能力上的竞争优势。

在自建物流领域保持领先地位的京东也在加速推进物流云进程，早在2016年4月，京东集团副总裁何刚就表示："随着京东基础云、数据云两大产品线，京东电商云、物流云、产业云、智能云四大解决方案以及华北、华东、华南三地数据中心的正式上线，京东云正式加入到风生水起的云计算市场争夺中。"

京东物流云在京东物流配送体系的配合下，经历了多次"双十一""6·18"大促的考验，在2017年1月的京东年会上，京东集团CEO刘强东表示，京东云的两大产品线、四大解决方案所涉及的计算/存储能力、电商/物流平台构建能力、大数据管理挖掘能力在内的资源完整对外开放。

物流云实际上是要更好地完成三个连接。

第一，连接品牌商和零售商。

第二，连接零售商和消费者，零售商通过一个完整的仓储环节，将所有的消费者数据和订单数据进行统一管理和分析。

第三，连接快递公司、仓库和消费者，提升整个供应链效率。

四、物流"最后一公里"争夺战

2017年召开的全国邮政管理工作会议统计报告显示，我国物流快递业已连续六年保持50%以上的高增长率，2016年我国快递包裹总量超过300亿件，几乎占据了全球快递总量（700亿件）的半壁江山，是当之无愧的全球第一快递大国。

高速发展的物流快递业也存在自己的短板，正越来越严重地面临"最后一公里"的发展瓶颈，"最后一公里"是物流配送上的一个空白，但它恰恰又是能够直接接入消费者消费大数据的一个重要入口，也是事关消费体验和消费满意度的重要节点。

"最后一公里"，不仅仅是物理空间上的概念，更是服务上的"最后一公里"，是充满温度的物流，因为它要直接面对面接触终端消费者，该环节的物流配送体验会直接影响到消费者对整个企业、商家的体验度和口碑。

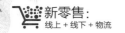

当下物流配送"最后一公里"管控难点在于，它涉及了上游的长途配送干线，以及末端的 B 端门店、仓库和 C 端的收件人。要经过下单、录入、调度、装货、运输、到签收、回单、结算等诸多环节。落实流程复杂，涉及环节繁多，且其中的参与者众多，管理监控起来非常困难。传统物流企业对此缺乏有效的监管手段，使得物流配送的"最后一公里"环节往往处于失控状态，很难为消费者提供一致性的标准化服务，消费体验的优劣更多要取决于同消费者进行直接接触的千差万别、个性心情迥异的终端配送员。

2017 年，各种零售新物种、新应用、新思路层出不穷，"互联网 + 物流"进入到下半场，"供应链 +"全面上线，产业链互联网化被提上日程，在新零售快速落地的大趋势下，物流"最后一公里"应当如何转型升级，实现商业迭代，是各大线上线下零售商角逐的一个重要战场。

而在 2017 年的国内资本市场，物流领域企业共获得 27 起融资，其中包括丰巢、UU 跑腿、闪送、云鸟配送、唯捷城配、驹马物流、鲸仓等将近一半的融资企业，都在布局城配"最后一公里"、云仓等新物流业务。这也从另一个侧面验证了新零售大趋势下，物流"最后一公里"转型升级既是形势所迫，也是商机所在。

在"最后一公里"配送上，零售新物种盒马鲜生是一个典型代表，盒马鲜生对消费者承诺，无论实在线下门店直接购买，还是通过线上 APP 下单，只要不超出下单门店五公里，都能够在半小时之内送达。对于经营生鲜产品的盒马鲜生而言，这一终端配送效率可以有效保证产品的新鲜度，也能够满足用户的即时性消费需求。

盒马鲜生采取的是自建物流，其在"最后一公里"配送上的出色表现只是表象，根本原因在于其强大的物流配送系统。

第一，精准算法支持。盒马鲜生借助大数据、移动互联、智能互联网和自动化技术及相应的先进设备，通过精准算法了实现"人、货、场"三者之间的最优化匹配。

第二，高效精准拣货。盒马鲜生采取的是分布式拣货方式，不同于传统仓库"一个人拣完订单中所有货品"的方式，采用算法把订单打散，让不同的拣货员可以就近拣货，提高工作效率。

盒马鲜生经营的所有商品都有专属的电子价签和条码，使得每个拣货员都可以用 RF 枪工作，确保拣货、合单、发货的高效准确进行。盒马鲜生将订单拣货环节的时间严格限制在 3 分钟之内。

盒马鲜生具体的拣货流程为：门店消费者选完货后可以通过物流传送带将货物直接送到收银台；通过 APP 下单的消费门店接到订单后，店内相应的商品分类部门，会直接把货架上标准化、独立包装的商品，装进保温袋，再推送至运输系统，自动分配到相关配送人员，这一连串动作都将在 1 分钟内完成。随后，店员会在 1 分钟内从库房提取商品补充至货架之上。

第三，线上线下智能拼单。盒马鲜生的线上线下数据被充分打通，消费者既可以单独线上线下消费，也可以随意在线上线下进行智能拼单。举例来说，消费者在盒马鲜生的某家门店下单后，返回路上突然想起遗漏了某项商品，此时可以打开智能终端设备上的盒马鲜生 APP，实现线上加单，而盒马鲜生的系统会自动将该消费者的两个单拼在一起，实现统一配送。

第二篇

零售+大（小）数据：每个企业都要变为数据公司

第六章
新零售：实现零售的数据化

一、"大数据"的商业价值

传统零售环境下，线下零售和电商的一个最大区别在于能否对消费者的消费轨迹进行数据记录。

在线下商场，消费者去过一次，哪怕同一天再去同一个柜台，同一个营业员接待，也未必会被认出。而在电商平台上，消费者的每一次搜索、点击、浏览、咨询、购买、评价、晒单等行为，都会被一一记录下来。

大数据在电商领域的应用，使得消费者的每一次搜索、点击、浏览、咨询都能得到个性化的关心、回应与帮助，曾经线下消费才有的情感纽带，在线上由于大数据的运用而出现，这种情感上的呼应不会夹杂任何有色眼镜、不会区别对待消费者，更不会因线下营业、导购人员的个体素质和心情状态差异，而让消费者受到不公平对待，大数据支撑下的电商，能为消费者提供始终如一的服务。

更为人性化的是，大数据电商的个性化定制和推荐功能，消费者关心的商品打折后，消费者所青睐的品牌出了新款，电商平台都会根据消费者过去的数据记录及时予以推荐。

以人为本的大数据技术为零售创造了无数的可能性，使得零售商能够无限逼近消费者内心的真实需求，最终有助于实现"以消费者体验为中心"，即掌握数据就是掌握消费者需求，实现零售升级。

早在 2011 年 5 月，麦肯锡全球研究院就发布过一篇《大数据：创新、竞争和生产力的下一个前沿》的研究报告，报告指出大数据将会成为竞争的关键因素。

今天，大数据已经成了新零售业竞争力的一个重要构成部分，阿里研究院给出了新零售的定义为：以消费者体验为中心的数据驱动的泛零售形态。

新零售区别于传统零售的关键之处在于，新零售将通过数据与商业逻辑的深度融合，为传统零售插上大数据的翅膀，催生新型零售业态。

大数据对零售业的商业价值表现在以下几个方面。

1 读懂消费者

通过数据记录和数据分析，可以帮助商家读懂消费者的心理和需求，知道消费群体是哪些。了解他们的兴趣、购买力、消费经历，为消费者打上各种个性化标签，以此作为互动、推介等精准营销的后台引擎，提高服务的针对性和效率。

2 消费模拟

借助大数据和云计算技术，商家可以将消费数据进行储存、分析，通过对交易过程、物流配送、产品使用、售后互动的数据化建模，可以对目标消费人群的未来消费行为作出判断和预测。同时，可通过模型模拟来判断不同变量（如不同地区不同促销方案）的情况下何种方案的投入回报最高，让商家提前做出应对措施，提高运营效率，降低成本。

3 消费者关系管理

过去，消费者和商家之间，是一种非常松散的关系。大多情况下，消费者从商家那里完成一次消费，基本上也就意味着店客关系的结束。

这是典型的传统零售"交易时代"，新零售背景需要强化商家同消费者之间的连接，要加强消费者关系管理，依靠大数据技术，商家可以从不同角度、不同层面深入分析消费者、了解消费者，来增加新客户、提高客户忠诚度、降低客户流失率、提高客户消费额度等。

4 进行个性化精准营销

通过大数据技术的关联算法、文本摘要抽取、情感分析等智能分析算法后，商家可以对消费者进行个性化营销推送服务，降低不必要的营销支出。比如，日本知名服装零售商"优衣库"会收集储存相关消费信息，例如，消费者经常买什么款式的服装，去哪个店消费，消费频次多少，然后精准推送优惠券给相应用户。

有了精准的用户数据，零售商的营销推广行为会更加高效，可以做到在适当的时机、用适当的方式、以适当的价格向消费者推荐他们最可能购买的商品，据统计，亚马逊40%的销售收入都是来自于基于大数据的营销推广。

据 IBM 商业价值研究院发布的《大数据助力中国零售业转型》显示，在零售领域，大数据的作用主要反映在消费者洞察、精准营销、商品优化和供应链管理等方面，有助于传统商家打造智慧的购物体验，创造新的商业价值。

在大数据背景下，传统线下零售所面临的客流少、商品缺乏竞争力、受电商冲击、商铺租金上涨等痛点，只是表面现象，从深层次看，它们缺乏的是对消费者有效洞察和触达，缺乏的是对上游供应链的个性化控制以及数字化运营能力。而大数据，有助于传统线下零售弥补这些短板。

二、新零售的新能力——零售数据化

我们生活的社会已不可阻挡地进入大数据时代，每个人都是信息的制造者和传播者。

在互联网时代，消费者的每一次浏览、每一次消费都会留下痕迹。

新零售同传统零售的最大区别是，新零售致力于将零售数据化，其核心是利用大数据技术，把"线上＋线下＋物流"充分融合，将以消费者为中心的会员、支付、库存、服务等方面的数据全面打通，来重构生产流程、商家与消费者的关系和消费体验等。

未来，具有竞争力的零售企业都将在某种程度上进化成数据公司，实现消费者的可识别、可触达、可洞察、可服务，实现商品的反向定制、精准供应、快速流通和零库存。

零售商家收集的消费者数据包括物理数据（消费者年龄、地域、性别等）和行为数据（浏览习惯、行走路线、购买习惯、消费价位等），从而对某具体消费者进行画像，特别是随着互联网技术以及线下零售黑科技的运用，使得消费者的消费行为可以得到完整呈现，线上购买行为表现为：搜索、点击、浏览、对比、咨询、下单、收货、售后诉求等；线下消费行为表现为：搜索（移动智能终端）、卖场行走动线、浏览商品、咨询、购买、付费、售后需求等。

阿里巴巴、京东、亚马逊等电商巨头都在运营实践中积累了大量的用户数据，并以此来提升服务效率和运营效率。

比如，在 2016 年"双 11 大促"当天，阿里巴巴集团下属的大数据计算平台 Max Compute 借助分散在各个数据中心的数万台服务器，处理了近 200 万项计算任务，"双 11"当天共处理了超过 180PB 的数据。另外，阿里巴巴的实时数据处理平台 Stream Compute 在当天共处理了 3.7 万亿条记录，这种数据收集和处理能力，在传统零售业看来是不可思议的。

新零售时代，收集用户大数据不仅仅是电商的专利，一些线下零售商家也开始借助各种技术手段来实现对消费者数据的抓取和分析。

线下零售商家可通过 Wi-Fi、室内定位、Lbs 技术以及 ERP、CRM 系统等技术手段抓取大数据，并通过计算、分析顾客的进店频率、逗留时间、喜爱的品牌、业态、消费金额、消费偏好等数据，为尽可能多的顾客打上"数字化标签"，从中发现顾客需求。

零售运营人员还可深入地运用大数据，在原有的"消费次数 & 消费金额"之类的简单分析逻辑之上，增添多种维度和指标，用于分析每个顾客的消费喜好。例如，购物时间偏好、折扣敏感度、价格耐受度、新商品追求度、新品牌接受度等。

另外，线下零售店借助智能终端系统，可以实时调用后台的客户数据，卖场销售、导购人员可以即时了解客户的消费、积分、活动历史等，从而更全面地认知消费者，进行有针对性的购买推荐，从而提升交易成功率。

了解消费者数据、为消费者画像，只是大数据实战的第一步，零售数据化的最大价值仍在于提高运营效率，降低成本，实现精准销售。

举个简单的例子，借助大数据技术，零售商家可以轻松获知并预测个体消费者的购买行为和购买趋势，可以大致了解消费者什么时候读大学（对相关学习、生活用品的需求）、什么时候婚恋（对婚恋、婚庆产品和相关服务的需求）、什么时候怀孕（对孕期产品、服务的需求）、什么时候购房（对房产、装修、家居建材等产品的需求）、什么时候生子（对母婴产品的需求），甚至能够了解消费者的兴趣爱好、身体变化所带来的需求，并根据这些需求，实现相应商品和服务的精准推送。

广告界有一句名言："我知道自己的广告有一半浪费了，但我不知道是哪一半。"大数据对零售商的意义也在于此，借助充分的数据资源，商家再也不用展示那些消费者不需要的产品了，再也不需要投放消费者不看的广告了，再也不需要提供消费者根本用不着的服务了，可以完全避免由此而产生的不必要成本支出，这种效应甚至能够扩展到零售业的订购、生产、物流、展示、销售、服务的全流程中去。

当不必要的成本得以节约，不仅商品管理、物流、仓储上的成本降低，而且可以有效提高商品的流通速度，使得商家可以将有限的精力投放在消费者更关注、更感兴趣的领域，提升服务的针对性和服务品质，消费体验自然也就会水涨船高。

三、打造智能线下卖场

对于大数据分析、应用，传统线下零售最大的挑战在于——如何高效地收集消费者数据。

在网购中，消费者的浏览痕迹和购物过程会被完整记录，进而成为电商进行数据分析和精准营销的工具，而线下实体零售商家却很难拥有这种能力。现实情况往往是促销活动做了很多，却不知道是哪类消费者在买单；即使商家足够用心，收集到的也是少量的个体消费者样本，而很难收集到完整全面的信息；无法精确捕捉到天气、价格等因素对销售的影响程度。

借助传统的用户信息收集方式，商家很难了解关于消费者的如下信息：

- 有多少潜在消费者在店外徘徊？
- 走进卖场的是哪些人？
- 进入卖场的消费者是什么职业？什么年龄层？
- 消费者进店后如何行进？在哪里停留？
- 消费者在店内都看了什么商品？想要什么？
- 店内哪些区域是消费者关注的热点区域？
- 消费者的消费频次、单价有多高？

……

如何解答这些问题，有些重视消费者数据分析的商家通常采用笨方法，即人工市场调查和数据收集。

塔吉特百货（Target）曾是美国第二大的百货公司，该公司非常重视消费者数据收集，孕妇历来是零售商的黄金客户，Target为了通过数据来准确判断哪位顾客已经怀孕，特意设计了一个迎婴聚会（baby shower）的登记表，以收集潜在顾客的信息并对这些数据进行建模分析，通过数据模型，该公司发现了很多有价值的消费信息：比如很多孕妇会在第2个妊娠期购买大包装的无香味护手霜；孕妇通常在怀孕的前20周大量购买补充钙、镁、锌的维生素和保健品。

综合收集到的消费者信息，Target推算出了"怀孕预测指数"，并重点推出了25种孕妇用品，Target还能够相对精准地预测到顾客的怀孕情况。

另外，为了不让消费者觉得被侵犯了隐私，Target通常会聪明地将有针对性的孕妇用品广告优惠券夹杂在一堆不相关的产品广告中，再投放给目标消费者。

借助消费者"大数据"模型，Target制订了具有针对性的广告营销方案，公司的销售额出现了爆炸性增长，据统计，在2002—2010年，Target的销售收入从440亿美元猛增到了670亿美元。

Target 的数据分析称得上是大数据在零售行业运用的雏形，它收集到的仍然是消费者样本数据，而不可能收集到所有的数据。

随着技术进展，一些有关数据收集的智能终端技术开始在线下店得以运用和推广，2016 年 12 月，亚马逊推出的革命性线下实体商店——Amazon Go，就是利用智能传感技术，打造的以门店为中心，利用计算机视觉、深度学习以及传感器融合等技术，为线下实体门店赋能，收集用户数据，提升客户体验。

目前，已投入实践的门店智能终端系统，能够收集并细分关于消费者的基础属性、消费特征、交互过程等相关的消费数据，并可实现全流程数据的监控与回收。

为了解决客流、消费行为数据的问题，智能门店系统还有客流分析、人脸识别的系统，能够通过机器视觉、智能分析对消费者在店内行动轨迹进行解析，进而可以为商品陈列、店面布局、活动促销等提供基础数据和策略。

"银瀑"是一家提供智能店铺解决方案的国内公司，其方案的核心是将人脸的视觉识别分析结果与特定消费者的交易数据实现精准匹配，一方面实现对消费者数据的记录；另一方面进行有针对性的点对点营销。

"银瀑"的智能店铺解决方案包含硬件、商家云端管数据管理平台和 APP 三个系统，其中，硬件是采用仿生计算技术的摄像头，其脸部识别的准确率在 80% 以上，这些智能摄像头主要布置在店内的货架区和收银台，前者是为了统计人流数据和消费者行走动线，用来帮助店铺优化场地布局和员工分配，收银台的摄像头则主要用来同消费者的交易数据进行精准匹配，因为在交易环节，智能系统能够识别出顾客，并且借助同 POS 机连接的 CRM 管理软件将消费者的消费数据同步更新到商家的云端管理平台，而这些数据将成为挖掘消费者消费特征的关键依据，至于消费者非交易时段的数据收集和营销推送工作，就要借助接收终端 APP。

智能门店的核心功能不在于用机器替代人，而是为了让线下零售商能够通过完善而全面的数据记录和分析来发现消费者潜在需求，提高绩效以及转化率，从而让实体店铺升级到智能数据时代。

四、新零售要打通线上线下，整合核心就是大数据

新零售线上线下全渠道融合的基础在于首先要实现数据的融合与共享，要做好大数据整合，而线上线下的数据整合目前尚存在以下几个难点。

1 线下门店数据收集的局限性

即使是借助智能线下终端和 ERP 系统，线下门店在数据收集上依然存在先天不足。大数据管理专家安卓斯·韦根（Andreass Weigend）曾就这个问题举过一个例子：某个零售商家在店里设置很多智能摄像头，用来收集消费者购物时的表情和举止，作为数据分析的基础，但这种手段只能做到粗线条的信息捕捉，可以获得消费者的动线。但很难获得更精确、更深入的信息，比如门店无法识别消费者究竟是谁。

传统线下零售门店，其 CRM 系统效率更低，商家只有在消费者成为会员之后才能识别其身份，即使消费者变身为商家的会员，对于某些低频次商品（如大家电、汽车等），商家和会员的接触是相当有限的，也就很难做进一步的数据收集和会员管理。

大零售商尚且如此，就更不用提那些仅仅依靠人工记录等原始手段来收集消费者信息的中小微商家了，他们可能连基本的 CRM 系统都没有。

2 数据来源的不同加大了处理融合的难度

出于新零售转型的需要，目前大部分零售企业都在不同程度的运营着分布于多个渠道的不同系统，不同的渠道对应着不同的系统和业务部门，它们都有各自独立的数据收集方式、分析方式和储存方式。

尽管整个企业层面会制定有各个系统之间的数据传输与配合制度，当企业客户数据开始激增，且各渠道呈现完全不同步的增长时，各个业务部门的数据协调与传输，会出现脱节、推诿、延迟、不匹配等各种各样的问题。

3 数据收集的不完整

目前，新零售在国内发展如火如荼，围绕新零售的各种新思想、新技术层出不穷，很多仍处于实验阶段，以大数据收集技术为例，目前很少能有企业可以收集到真正完整的覆盖线上线下全渠道的数据链，即使电商巨头阿里巴巴恐怕也难以完全实现。

基于这种现状，关于数据收集就存在一些很现实的问题。

- 数据收集要进行到什么层面、什么程度？
- 如何保证收集到的数据不失真？
- 在数据不够完整的情况下，零售企业如何做出科学合理的决策？

如何有效解决以上问题，空谈大数据，空谈线上线下的数据整合，是没有意义的，甚至可能给企业带来负面伤害。

（1）新零售的基础：打通线上线下数据。

零售业的未来趋势在于通过融合线上线下渠道，实现商品、会员、交易、物流、营销等数据的共融互通，用来为消费者提供跨渠道、无缝化的个性体验。

新零售全渠道模式要实现线上线下"三通"（商品通、会员通和服务通），首先要实现线上线下数据的可收集、可视化、可融合、可共享，实现线上线下同款同价、实库虚库一盘货、任意终端可调拨发货、会员账号打通、门店导购与线上导购融为一体。

借助线上线下数据的打通与共享，消费者无论选择商家的何种渠道购买，都可以享受到跨渠道的一致性体验，享受到同等的权益和服务。以知名奢侈品牌雅诗兰黛为例，目前正尝试与天猫合作，试着让线下门店的BA（beauty adviser，美容顾问）在做好门店客人服务的闲暇时段，在天猫雅诗兰黛的官方旗舰店上通过视频直播的方式，对会员用户在线进行一对一的导购咨询与虚拟试妆。

线下门店是零售企业与消费者面对面接触的主要地点，如何将线下消费者信息和门店导购的专业知识结合起来，以实现线上线下的全面融合与贯通，用来提升用户体验，是每一个拥有线下门店渠道的零售企业应思考的问题。

（2）借助移动支付整合线上线下数据。

连接线上线下数据的关键环节在于移动微支付，对于提供线上线下全渠道服务的零售商，其线上用户在线下通过支付宝、微信等移动支付工具付款时，可通过后台系统将消费者的线上线下身份对应起来，来做进一步的会员管理，以便今后可基于大数据为线下消费者提供像电商一样的个性化服务，这是线下消费者数据收集的关键步骤，也是线上线下数据融合的关键一环。

例如，在阿里系新零售企业盒马鲜生门店，消费者结账时会被要求下载盒马 APP 并绑定支付宝或淘宝账号，这个小要求即是盒马鲜生用来收集消费者大数据用的。通过支付宝账号，盒马鲜生就可以同阿里巴巴实现数据共享，就可以跟踪用户的消费购买行为、勾勒画像，并借助大数据给出千人千面的个性化建议。因此说，盒马鲜生的门店既是体验店，又是加工中心、物料中心，但更重要的是，门店是流量和数据转化中心。

（3）打造大数据智慧体系。

从更深层次看，新零售企业要致力于将各个渠道的所有消费者、所有商品、所有线上线下（"人、货、场"）的数据和资源联动起来，这意味着新零售的大数据将不仅仅表现为企业的 BI 报表，不仅仅是传统的 ERP 数据收集和传输，而是借助数据驱动、算法驱动、模型驱动等方式来形成更强大的"大数据智慧体系"。从大数据的产生、收集，到大数据的分析应用，再到指挥企业的决策乃至为企业的执行提供行动指南，以形成线上线下去劝导整个数据的完整闭环与升级。

甚至于，零售企业还要重视整个供应链、客户乃至合作伙伴的数据收集与整合，加以充分利用，它们包括 CRM 顾客数据、社交媒体粉丝数据、供应商数据、运营数据、行业数据等，并将上述数据和资源逐步整合、不断扩大、有效积累并结构化为企业的独家性大数据资产，以此来深挖大数据资产的潜在价值，最终转化为用户价值、企业价值。

五、如何玩转新零售大数据分析

阿里巴巴集团技术委员会主席王坚写过一本书《在线》，王坚在书中指出

"大数据这个名字并没有反映出数据最本质的内涵,其实叫错了",真正的数据必须要做到在线,仅仅有大数据是不够的,还必须是活数据。

所谓活数据,即数据能否被活用,能否做到实时处理,这是大数据产生价值的基本判定标准。零售企业收集大数据不是目的,要使之成为活数据,做好数据的实时处理和分析,利用分析结果来改善企业运营。

1 数据类型

通过线上渠道和线下终端收集到数据主要有以下几种(见表6.1)。

表 6.1 零售商的数据类型

数据类别	细节数据
线上数据	访问量、平均浏览时长、新 UV 比例、跳出率、转化率、流量来源(搜索、直接、连接、地区、推广)、网页打开时间、网站热点、搜索分析等
ERP 数据	订单量、客单价、毛利率、二次购买率、忠实顾客转化率、顾客流失率、动销率、缺货率、商品价格变化、SKU 数量变化、周转率、退货率、品类销售占比、会员注册量、注册会员转化率
回访数据	投诉分类、UI 印象、品类印象、价格印象、网站功能印象、物流体验印象、售后印象等

以上数据不是孤立存在,而是相互关联,要予以综合考量,例如,在分析促销活动效果时,就要综合分析访问量的变化、注册下单转化率的变化以及促销商品和正常商品销量的变化,才能得出准确结论。

2 数据分析的切入点

不同的数据分析视角,会带来不同的结果,常见的数据分析角度有以下几种。

(1)数据视角。

即通过数据的比对分析,发现隐藏的细节和结论,用来指导企业定位和策略的制定,进而指导战术层面的日常运营。

(2)技术视角。

即通过海量的碎片信息分析,找出其中的规律,来建立某种技术或理论模型，用来简化、解决实际问题。

（3）社会视角。

即通过数据的比对分析，来从社会、文化层面找出制约企业经营业绩的非数据化因素，比如中国的春节和西方的圣诞节对零售业的促进效果有何不同。

3 数据分析实战

如何分析数据？通常由大数据技术人员和企业相关部门（市场部、营运部、商品部等）的重要人员组成数据分析小组来共同进行。

（1）获客成本分析。

获客成本即新客获取成本，它是衡量线上渠道运营效率和性价比的一个关键数据，考核的是企业市场部的业绩效果。

获客成本分析是衡量市场部推广效率的重要指标，举例来说：某推广方式给线上渠道带来了 50 000 个 UV（访问店铺的自然人）、2 500 个注册、500 个订单。而该推广投入的资金为 10 万元，那么，平均每个 UV、注册、订单投入的资金分别是 2 元、40 元、200 元。也就是说，采取这种推广方式的获客成本为 200 元。

显然，做这种分析的前提是要提前获知关于 UV、注册、订单量的精确数据。

（2）促销效果分析。

为了评估促销效果，应就每一次促销活动在 ERP 系统中建立相应的数据，包括单据、主题、涉及范围、促销细则、促销档期和销售业绩，根据这些数据，通过 BI 工具来分析促销商品销量的变化、毛利变化、非促销商品销量变化，以及促销活动所导致的新会员注册和老会员消费频次的变化，用来综合评估促销效果。

（3）商品结构分析。

提前建立商品的明细表，内容涵盖品牌名称、型号、颜色、规格、价格等要素，将商品根据明细内容进行分类，通过各类别商品的销售数据统计，来分析高销量商品和低销量商品所占比重，进而来根据消费者的需求偏好来优化调整商品结构。

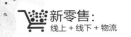

（4）会员分析。

根据会员消费数据记录，可将会员进行精细化区分为：注册未消费顾客、初次消费顾客、忠实顾客、高价值顾客、高频次顾客、僵尸顾客，对不同类型、不同消费频次、不同消费金额的消费者，需采取不同的回访、互动、推送和宣传措施。

4 数据应用

只有将数据分析结果应用到经营实践中，才能真正地发挥出数据的价值。完成数据分析到实现数据应用还需经过如下环节。

（1）数据分析结果要与数据营销平台进行对接。

数据分析结果要同企业的营销工作紧密结合在一起，数据分析部门提供的结果应当简单明了，可供非技术人员和普通营销人员拿来指导实战。

（2）数据分析结果要与销售部门对接。

零售企业的业绩最终要通过销售部门和一线的客服、导购和销售人员来实现，数据分析结果要及时传达到销售部门。

（3）数据分析结果要与消费者体验环节做好对接。

消费体验是零售业的核心竞争力所在，如果不能持续提供让消费者满意的消费体验，企业的竞争力将难以为继。

第七章
客户数据的智能应用

一、挖掘客户需求，为用户画像

零售商要直接面对消费者，需要换位思考，站在消费者的角度去考虑问题，去探究他们的心理需求，而不是站在自己立场上想当然地去判断。

对这个问题，管理大师德鲁克早在1954年出版的著作《管理的实践》中，就进行了提醒："企业认为自己的产品是什么，并不是最重要的。特别是它对于企业的未来、成败也不是那么的重要。顾客认为他买的是什么以及他心中的'价值'是什么，这才是最关键的。这也将决定一家企业会是什么样的企业、生产的产品是什么以及企业会不会成功。"

1964年，德鲁克在另一本著作《成果管理》中再次谈到这个问题："企业内部人士对于顾客及市场的认知有可能是错的，因只有顾客才真正了解自己及市场。企业只有通过询问、观察及了解顾客的行为，才能够找出顾客是谁、顾客如何购买、如何使用买来的产品、什么是顾客的期望，以及顾客的价值观是什么等。"

是时候把目光投向消费者，作为直接面对消费者的行业，若不去深入研究消费者心理、揣摩消费者需求，于情于理都讲不通。

大数据时代，精准把控消费者需求有一个最佳途径——用户画像。

互联网大数据对零售商家和消费者行为产生了深刻的改变和重塑，对商家而言最大的利好消息莫过于消费者的一切消费行为在商家面前都将是"透明化"的，商家今后专注的焦点在于如何借助大数据手段为可视、可控的消费者进行画像，以挖掘消费者潜在的需求信息和潜藏的商业价值。

交互设计之父阿兰·库伯（Alan Cooper）最早提出了用户画像（Persona）的概念，在他看来，"用户画像是真实用户的虚拟代表，是建立在一系列真实数据之上的目标用户模型"。简单来讲，即商家通过对客户各方面信息与数据的收集，并将之整合为一个具有独特气质和鲜明个性的画像。

通过商家收集到的用户线下线下数据，就可对用户的个体概况、消费能力、消费习惯、消费喜好、消费内容、消费层次、消费渠道、消费频率等进行多维角度的建模，实现对每一个用户的画像。

为用户画像的核心工作是为用户打上各种各样的标签，每一个标签都是特定用户相应个性特征和消费特征高度总结，如性别、年龄、婚姻、消费习惯和消费偏好等，将所有用户标签整合在一起，呈现的就是用户画像了（见图7.1）。

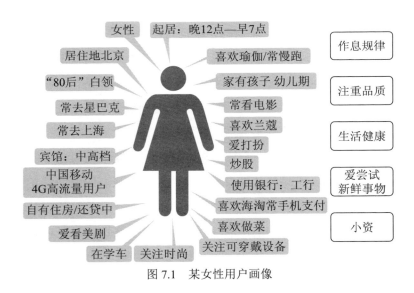

图 7.1　某女性用户画像

具体为用户画像时，需经过三个步骤。

第一步：收集信息并分类

数据收集过程不再赘述，对于收集到的信息要划分为两种类型：一种是客观数据，即关于用户的相对稳定的信息，如性别、地域、职业、年龄等；另一种是动态数据，即用户的行为数据，如浏览网页、搜索商品、光顾店铺、消费经历、售后互动、消费等级变动等情况。

第二步：分析数据，贴上标签

通过对特定用户相关数据的分析及判定，为分类数据贴上相应的标签及指数，标签表示用户的兴趣、偏好、需求等，指数则用来表示用户的兴趣程度、需求程度、购买概率等。

关于反映用户标签的相关信息收集，由于线上渠道收集起来比较简单，这里重点谈一下线下渠道的标签分类（见表7.1），以便收集。

表7.1 线下门店数据标签类型

标签类别	具体项目
基础性标签	姓名、联系方式、年龄、居住地、工作地点、公司家庭生活、朋友圈、性格等基本信息
消费能力标签	购买力、消费等级、累计消费金额、消费频率、消费力度等
行为偏好标签	进店时段、访问方式、品类偏好、品牌偏好等
消费行为标签	购物偏好、购物时段、偏好品牌等
用户服务标签	用户会员等级、评价等级、投诉记录、退换货信息等

第三步：为用户建模

即借助时间、地点、人物三个维度，来阐明什么用户在什么时间什么地点做了什么事，或用来预测将来什么用户会在什么地点什么时间做什么事。

最后，需要特别提醒的是，根据我国工信部规定，商家要在征得用户授权、保障用户隐私安全不泄露的前提下，合理、合法地收集、使用消费者个人信息，商家进行用户画像时，务必要注意做好用户隐私信息的保护和应用授权，确保用户隐私不泄露，做到用户数据使用的安全、合法。

二、精准营销，精准推送

《体验经济》一书作者约瑟夫·派恩（B. Joseph Pine II）和詹姆斯·吉尔摩（James H. Gilmore），将产品或服务趋同的现象称为"商品化"，"商品化"意味着标准化的产品和服务，抹杀了个性，无法给消费者提供独特的感受。当今，大众化的标准产品或服务已经日渐失势，消费者对个性化产品和服务的需求越来越强烈。

非主流、个性化、独一无二是消费者新的诉求方向，个性消费最初是温饱满足后的有钱、有闲阶层的一种消费，如今，个性化消费面在逐渐扩大。

个性化消费，既是经济现象，也是一种文化现象。"我不需要跟别人雷同的产品"，成为个性化消费的宣言。

"我很少去商场买衣服，因为我无法容忍'撞衫'和个性复制的尴尬。"时装设计师谭小波说，他开了一家个性时装设计店，很受顾客欢迎，"在我这里定制一套服装价格不菲，从设计到制作费用，一定是比商场贵，而常来光顾的顾客却成了忠诚的'粉丝'，他们更强调服饰的文化韵味和个性的积累。"

未来学家阿尔文·托夫勒在《第三次浪潮》一书中提道："不会再有大规模生产，不会再有大众消费、不会再有大众娱乐，取而代之的将是具体到每个人的个性化生产、创造和消费。"

代表个性化的小众正在苏醒，他们不经意的消费转向，足以改变传统零售业经营者和从业者的商业思维。

通过大数据和用户画像，商家可有效识别消费者的个性化需求，进而展开精准营销。

自媒体人罗振宇在2016年题为"时间的朋友"跨年演讲中，举了一个不良商家使用大数据对消费者进行精准营销的例子。

"假设是一个无良商家，拿到了阿里的数据，他会怎么做？如果他判断你经常购买品牌产品，好！给你发正品货；如果他通过数据发现，你经常购买低价产品，说明你没什么钱也没什么见识，给你发高仿品；如果发现你的退货率低，说明你这个人好说话，人大大咧咧，对不起，给你发次品；如果他通过地址数据发现你的收货地址附近多少公里内都没有这个品牌的专卖店，对不起，给你发假货。这就是数据的相反的用法，恶人的用法。"

大数据和用户画像被落到不良商家手里，后果是难以想象的，这也从反面验证了零售商可以依据用户画像做好精准营销。如上海家化已经同阿里巴巴展开紧密合作，双方将共同建立大数据日化产品研发实验室，上海家化将借助阿里的大数据解决方案来挖掘消费者偏好，为用户画像，进行产品研发、生产、销售和售后服务，进行产品供应链的优化和升级。

当商家能够做到为用户准确画像后，下一步就是用来指导实际的营销工作，操作要点包括以下几点。

第一，用户分类。分析样本用户属性，从中找出忠实用户、核心用户、目标用户与潜在用户。

第二，用户画像。借助企业或第三方数据管理平台进行用户行为数据收集，分析数据并为用户画像，并同不同类型的用户进行匹配。

第三，信息推送。为不同类型、不同画像的用户匹配不同的需求信息，分别推送精准的营销广告信息和服务信息。

第四，反馈优化。营销信息推送后，要及时收集、分析关于营销效果的反馈信息，并及时做出调整、优化，修正营销偏差，使营销工作更加精准、高效。

第五，建立用户画像库。基于大数据分析的用户画像库，要不断丰富、升级、完善，这是企业的宝贵资源。

三、大数据会员管理

传统零售走向新零售有一个非常重要的标志，即每个新零售企业都要在某种程度上转型为数据公司，以实现对消费者的可识别、可触达、可洞察、可服务，才有可能谈新零售。

零售商依托大数据的会员管理，有助于商家在第一时间获取消费者信息，培养消费者的忠诚度，稳定核心消费群体，加强商家同会员之间的密切互动，打造商家和顾客之间的"强关系"，提高企业服务力，做到对消费者的可识别、可触达、可洞察、可服务。

会员管理并不是一个新命题，许多传统零售企业也在做，但问题丛生。

例如，对于线上会员管理，存在着不够高效、难以实现对会员的清晰画像，进而也就无法做到精准推送与精准营销；对于线下会员，商家大多还停留在传统的会员管理方式上，效率较低，缺乏突破，对会员没有充分的吸引力，比如不少线下商家采取的会员积分卡制度，单纯积分，对消费者而言可谓是鸡肋式手段，食之无味弃之可惜，费时费力，更谈不上做到对会员的精准营销，以刺激他们做出消费决策。

再者，新零售时代背景下，线上线下融合已经成了不容阻挡的趋势，传统的单一渠道的会员管理已经无法适应新时代的要求。而基于大数据的新型CRM会员管理系统，能够有效对全渠道会员进行分门别类而又融合统一的管理，进而做到信息分类推送，实现精准营销。同时营销效果还能够实现即时查看，有助于商家实时全面掌握全渠道的经营状况。

1 支付即成为会员

传统线下门店，获取会员信息或会员登记相当烦琐，浪费人力物力，导致获取会员的成本很高，更多的情况是，顾客消费结账之后便一走了之，杳无音信，同商家切断了关联。而支付会员系统则通过智能POS支付系统，让支付的顾客直接变身为企业的会员，解决了线下门店会员获取难的痛点。

智能会员管理系统还可以设计会员登记和相应的积分制度，仅仅凭借一个移动微支付账号，就能让会员享受到相应的积分和折扣，省时省心。

据中国支付清算协会发布的《2016年支付报告》显示，在国内的主力消费人群中，有高达80%的消费者都在使用移动支付工具，这也使商家能够借助智能POS支付系统来获得超级流量入口，同时又不会对顾客产生任何打扰和麻烦，反而让顾客感受到更好的消费体验和简洁高效的会员服务。

2 为会员画像

支付环节成为商家的一个重要流量入口后，会带来庞大的会员数据，如何深度挖掘、全面分析好这些会员数据是值得商家动动心思的。基于大数据的智能会员管理系统能够将会员数据做好分类统计，分析并挖掘，最终形成会员画像。

根据会员的消费频率和消费金额、消费等级，可将会员划分为新会员、老会员、休眠会员、粉丝级会员、黑名单会员等清晰的会员分组及画像，可以让商家直观地感受到关于会员的消费特征及消费数据，最关键的是，商家针对不同的客户进行分层级、分级别、分属性的管理，便于今后的精准营销和个性化会员管理。

3 精准的个性化营销

有了精准分类的会员和清晰的会员画像，商家就可实现对会员进行精准推送与精准营销，通过线上卡券派发、线下屏幕广告、DSP 直投等多维度、多方式的个性化营销手段，实现对目标消费者的精准触达，为其呈现出他们最想要的产品、服务及优惠信息，激起兴趣，引流到店，促进购买。

此外，还可根据消费者过往的消费行为和消费偏好数据积累，来进行消费趋势预测。

相对于以往的填鸭式、无区别的广告轰炸，消费者其实更乐意接受个性化的营销定制。据统计，高达 79% 的消费者表示，如果商家能够提供他们所需要的个性化服务，他们并不介意向商家提供一些个人信息。言外之意，对于商家的个性化营销推送他们也是乐意接受的。比如，用户 A 是一位标准的摄影发烧友，最常浏览的网站是"摄影爱好者论坛"。一天当他打开手机网站准备看看今天有什么新闻，却被某摄像器材品牌店家发布在首页的广告迅速吸引。因为广告上正是他关注的新款单反相机，于是他决定去门店看看。

而另有 80% 的消费者表示，如果商家能够制定出真正适合自己的个性化消费方案，他们会增加消费频率。比如消费者 B 和几个朋友去聚餐，用餐完毕扫码结账时，手机自动收到来自附近一家 KTV 的优惠券，几个人正愁没有去处，于是决定去唱歌，皆大欢喜。

四、把控生产，达到零售升级

新零售商要最大限度去了解消费者，通过收集、分析并预测消费数据，满足并引导消费需求，把控生产，指导商品的精细化生产定制，达到零售升级。

1 收集顾客需求数据，倒推生产

结合顾客需求数据分析背后的需求信息，以此来组织货源，有助于降低库

存,只提供顾客兴趣度高的商品,实现运营效率的升级。

在快销时尚品牌ZARA的门店里,密集分布着用来捕捉顾客信息的摄像头,店员也会随身携带智能终端PDA,用来记录顾客对产品的意见、偏好,包括顾客对扣子颜色、拉链款式之类的微小意见都会被重视并记录下来。

店员收集的信息会汇总到门店经理,再由经理上传到ZARA的全球数据网络中。这些信息经汇总后,每天会分成两个批次反馈给总部的设计人员,由总部做出调整决策后,即可将指令传送到生产线,对相应产品进行优化改进。

每日闭店后,店员会盘点每天货品的销售和退货情况,再结合交易系统生成当日经营效果分析报告,分析当天的热销商品,再将数据传送给ZARA的仓储系统。

通过收集客户数据并得出有益于改进生产、仓储工作的决策,可大大提高商品生产的针对性,降低存货率,同时也能为消费者提供他们所喜欢的商品,双方都能够享受到大数据所带来的益处。

2 基于大数据,优化供应流程

零售商经常遇到这样的难题:顾客需要的热销商品备货不足、供应不上,影响销售,而顾客不需要的商品则周转缓慢,回款较慢,还会占用资金,占据库存。

提供鸭制品零售的"周黑鸭"旗舰店也遇到过这类问题,由于熟食保质期较短,且对包裹温度和储存温度都有特殊要求。如果备货过多,不能及时销售出去的话,商品很容易过期报废,如果备货较少,又会影响顾客购买,会影响到用户体验。

2015年,"周黑鸭"引入了一款"生意参谋"数据分析系统,实现了对需求信息的精准预测。比如,在当年的"双11"促销活动中,"周黑鸭"提前预测的销售额为2 000万元,结果实际销售额为2 150万元,同预测数据基本吻合,这就使得商家能够提前做好生产规划、仓储规划和发货规划。后来,在促销周期内,"周黑鸭"如期有条不紊地将商品准时发出并及时送到消费者手中,并没有出现任何备货不足或备货过量所导致的负面体验和产品浪费,在最大程度上优化了供应流程，提升了供应链效率。

3 用大数据做产品开发

来看一下"三只松鼠"的案例。

"三只松鼠"是一家重视客户数据运营的新型零售商，2015年，"三只松鼠"运营人员通过比对发现，在淘宝产品指数上，辣条这个独特的产品指数增长极快，2015年的指数几乎是两年前的30倍。

于是，"三只松鼠"相关人员便从淘宝后台提取出相关数据进行分析，目的是了解购买辣条产品用户的心理状态，分析发现此类用户通常都有一种很萌的自嘲倾向。据此，"三只松鼠"迅速开发了一款新产品——辣条，它不同于传统辣条的包装，每包产品有20条，有7种状态，口味属魅惑辣，且每一包都不一样。

这款精心打造的新产品自带流量属性，引起用户的大量分享转发，仅仅在天猫平台短短七个月内就销售了将近500万件产品，位居天猫辣条细分品类第一名，全渠道销售额突破一个亿，更重要的是它为"三只松鼠"带来了上百万的话题传播流量，成为一款博品。

这种基于大数据且亲近消费者需求的产品研发逻辑值得学习和借鉴。

第八章
大数据时代的零售小数据

一、挖掘零售小数据

什么是零售小数据？

大数据与小数据有哪些不同？

零售商如何通过挖掘小数据满足用户需求？

下面从两个层面来谈一下零售小数据。

1 消费者层面的零售小数据

消费者层面小数据同大数据的区分点在于研究对象，通常，大数据以群体为研究对象，而小数据则重在研究个体。从适用范围讲，大数据更适合于B2B模式的零售业务，而小数据研究则适用于B2C模式的零售业务。

小数据研究的对象是个体，这是新零售商无限接近消费者需求的突破口，正如苏宁云商副董事长孙为所讲："大家都知道，在大数据里有这样一个案例，要想观测或者是预先了解一个地区流行病的发展趋势，很简单，就是在搜索的网站上，看看这个地区的热搜情况，如果搜跟这相关的东西，极有可能根据异常大比例的搜索，判断这区域是否有流行病的发生，这是大数据。如果针对个人，这个人发热，到底是什么病？怎么治这个病，一定要针对个人去找他的全数据、准数据，这对个人的制定才是有价值，这就是小数据。从这个意义上来讲，零售就是针对个人，所以说谁能够把握小数据时代的零售，谁就是在掌握互联网时代这样一个新的零售的切入点。"

小数据用来研究个体消费者，对其进行精准分析和画像，再通过不同业态数据的分析，就可以锁定个体消费者的需求层面和需求特征，进而给出产品推荐，这其实就是前面所讲的通过大数据为消费者画像。

2 零售商层面的零售小数据

零售商的大数据获取和分析，需要投入大量人力物力来构建数据信息化团队，这种支出显然是中小微零售企业无法承担的。

无论是从精力还是成本等角度考量，中小微企业都没有能力也没有必要自己构建一套大数据分析系统，替代性解决方案有两种。

（1）购买第三方云服务。

目前，一些第三方数据运营商推出了各种针对中小微零售企业的云服务数据平台，量身定制提供基础数据分析和系统架构，零售商只需提供自己的要求、目标和基础条件，即可享受到定制大数据服务，按需付费即可。

（2）分析日常经营小数据。

相对线上零售商天生自带数据生成属性，线下中小微零售商在数据获取上存在着诸多障碍，但这并不意味着中小微零售商的数据收集工作此路不通。其实，只要经营者具备数据思维，可供收集的线下小数据是无处不在的。

① 临场数据。即关于客流量、顾客行走动线、光顾区域的数据，通过对这些数据的分析，可以有效了解顾客的购物习惯和购物偏好，以及付款率和市场行为变化的细分。

② 库存数据。细心观察顾客购物车中最常见的商品，并及时分析收银系统中的订单数据，有助于畅销商品和库存管理的把控。

③ 财务数据。财务数据对于研究店铺的现金流和利润情况以及它们的未来趋势至关重要。市面上有很多工具能够帮助商家完成这些功能。

④ 消费者数据。这里的消费者数据是指通过人为手段而非技术手段来获取的数据，即通过店铺工作人员的仔细观察和细心捕捉所收集到的顾客数据。

二、发现痛点，只需研究少量典型客户

"消费者的痛点是什么？你是如何解决的？"

这应是商家牢记于心的一句话，它又可以分解为几个小问题：

第一，消费者的需求在哪里（消费者的痛点是什么）？

第二，如何满足消费者需求（如何消除消费者痛点）？

第三，消费者是否会为你的解决方案买单（消费者是否愿意为消除痛苦付费）？

基于痛点的需求，只是消费者需求的一个方向，需求是有层次之分的，消费者需求通常表现为以下两个层面。

第一层面："止痛型"需求。

消费者由于明显的痛苦、不适、紧急、窘迫、难受而产生的需求，迫切渴望出现一种产品或服务能够解决他们的问题，快速止痛。比如以下情景：

饥饿时，人们对食物的需求；

生病时，人们对医治的需求；

寒冷时，人们对御寒的需求；

炎热时，人们对避暑的需求；

……

这类需求，非常急迫，消费者对相关止痛产品的需求最为强烈。

第二层面："愉悦型"需求。

消费者已经习惯既有的生活方式，习惯并接受了现有产品和服务，这些产品和服务能够满足他们的基本需求，在使用时，消费者没有明显的痛苦和不适感。

"止痛型"需求和"愉悦型"需求，所对应的恰恰是人们消费的两个方向：

第一个消费方向：对抗痛苦，对抗不适；

第二个消费方向：追求愉悦，追求享受。

试想一下，消费者面对各种琳琅满目的商品和五花八门的服务，为什么会

掏钱买账？莫不是出于这两种需求。

相对于愉悦消费者，缓解或消除消费者痛苦，显得更有价值，也更有意义。

相应地，对抗痛苦的生意要比愉悦消费者的生意更好做，因为消费者的需求更紧迫，更急促。更多时候，人们甚至没有选择的余地，没有说不的权力，只能选择"破财消灾"。

只要有人的地方，就有痛苦存在；只要有痛苦存在，就有商机。因为一旦有痛苦，人就需要相应的产品或服务来消除痛苦，就需要为产品和服务买单。

当消费者有痛苦，商家也发现了消费者的痛点并为其提供了解决方案，那么，是否意味着消费者就一定会购买呢？

未必！为什么呢？

一个简单的问题：消费者为什么要付费呢？

答案是：因为他们有需求！

问：消费者为什么有需求呢？

答案：他们有问题或麻烦需要解决！

问：有问题或麻烦，就一定会产生需求，产生购买吗？

答案：不一定！一个简单的例子：某个人身材很胖，就一定有减肥的需求吗？就一定要花钱去购买减肥产品吗？当然不一定。

问：怎么样才能让消费者的烦恼转化为实际需求，并付诸消费行动呢？

答案：当不变的痛苦（现实烦恼）超过改变的痛苦（付出合理的成本，代价不要太高昂）的时候，潜在需求才能转化为实际购买。

零售商家要明白这种逻辑：有了问题，消费者才会产生痛苦；痛苦足够大，才会产生需求；相应产品或服务的性价比要足够好，消费者才能最终去购买。

那么，如何发现消费者的痛点呢？

1 找到典型用户

商家往往存在海量的潜在用户，去研究每一个用户，逐个考察用户的痛点和需求，不太现实。一个行之有效的方法是找出有代表性的典型用户，将痛点集中到典型用户的小数据上。

比如,小米选择的典型用户是发烧友,在进行产品设计和用户体验优化时,重点考虑对产品有着重度研究的发烧友的需求,这样就能够给发烧友带来深度体验,同时又能满足普通小白用户的基本需求。

如何找到典型用户呢?

"交互设计之父"Alan Cooper 最早提出了一个 Persona 的概念,在他看来,"Personas are a concrete representation of target users."意思是:Persona 是真实用户的虚拟代表,我们此处所言的典型用户即是真实用户的虚拟代表,是建立在一系列真实数据至上的目标用户模型(见图 8.1),也可是真实的用户代表,比如小米的发烧友。

图 8.1　用户虚拟代表(典型用户)的特性

为典型用户画像,应包含以下元素(见图 8.2)。

图 8.2　典型用户的信息刻画

2 识别典型用户痛点

典型用户的痛点通常会用三种形式表达出来：意图、语言和行为（见图 8.3）。

图 8.3　典型用户需求的表现形式

举例来说：小孩子饿了，为了表明这个意图，他可能会说"我饿了，想吃点东西"，也可能直接说出"我想吃汉堡"，也许什么都不说，自己直接找到某种食物，拿来就吃。

假设小孩子是我们的用户，我们要做的就是根据以上信息找到他的痛点，给他提供合适的食物。

当他什么都不说，抓到东西就吃时，需求最容易满足；

当他说"我饿了,想吃点东西"时,如果给他提供了面包,他通常会有三种反应:很满意拿起来就吃;很排斥,因为他其实想吃别的东西;虽然不情愿,但还是吃了,不过心里很不高兴;

当他说"我想吃汉堡"时,如果能直接满足他的需求,他就会很满意;否则,就会不高兴。

从这个小例子可以看出,用户表面的语言和意图反映的并不是他们的真实需求,特别是中国用户受传统中庸哲学的影响,往往比较含蓄,通常很少能够直接、准确地说出自己内心的真实想法。

而行为则不然,人的行动是内心世界的反映,往往难以掩饰、作假,通过仔细观察研究用户的行为,再配合用户的意图和语言,能够更好地识别他们的痛点。

3 对典型用户进行深度访谈

面对典型用户,要进行深度访谈,要面对面地坐下来,去了解用户的心理预期、使用习惯、使用困惑,从中提炼出用户的共性痛点。

1998年,史玉柱向朋友借了50万元,开始运作脑白金。由于资金有限,史玉柱将启动市场的第一站放在了江阴市,进入江阴市场之前,史玉柱做过一次著名的"江阴调查"。

这次调查,史玉柱没有采取大军团作战的形式,而是亲自进行。他戴着墨镜走村串镇,挨家挨户去访问潜在客户。

白天年轻人都出去工作了,在家的都是些老年人,半天见不到一个人。因此,史玉柱一去,他们就感到特别高兴,史玉柱就搬个板凳坐在院子里跟他们聊天。

在看似漫无边际的聊天中,史玉柱总会有意无意地抛出以下问题:

"你吃过保健品吗?"

"如果可以有效改善睡眠,你需要吗?"

"可以调理肠道、通便的产品,对你有用吗?"

"可以增强精力呢?"

"价格如何，你愿不愿意使用它呢？"

在面对这些问题时，那些老人们往往都会说："你说的这种保健品我非常想吃，但我舍不得买啊。我等着孩子给我买！"

史玉柱接着问："那你吃完保健品后一般怎么让孩子们买呢？"

答案是他们往往不好意思直接告诉儿子，而是把保健品的包装盒放在显眼的地方，对他们进行暗示。

在脑白金正式上市前，史玉柱与 300 位潜在的消费者进行了深入的交流，对市场中可能遇到的各种问题和用户痛点都进行了详尽的了解。史玉柱心里有底了，他信心十足地在公司对大家说："行了，我们有救了。脑白金这个产品年销售额很快就能做到 10 个亿。"

这种亲身力行的现场走访，让史玉柱准确地把控住了用户的深层次痛点与诉求，在此基础上才产生了后来那句家喻户晓的广告词"今年过节不收礼，收礼只收脑白金"。这句广告词曾经被整整播放了 10 年之久，为史玉柱带来了100 多亿元的销售额。

用户访谈的重点放在用户个人的"痛点"，而不是社会的共同价值观上；放在同用户个人深切相关的问题、困扰上，而不是一般的生活方式上。

在做用户访谈时，访谈人员应当做到以下几点。

① 避免表现出优越感和高高在上，以免让用户产生抵触心理。

② 想方设法让被访者处于最放松、最自然的状态，愿意倾诉衷肠。

③ 做到超脱并客观，但又不失风度和人情味。

④ 以提供信息的方式进行提问。

⑤ 提出开放性的问题，避免用户只是简单给出"是、不是""知道、不知道"之类的回答。

⑥ 做好引导，刺探被访人的内心。

三、观察客户接触的"MOT"

瑞典人卡尔森写过一本书《关键时刻 MOT》，讲的核心思想是企业应把

控好一切接触、服务、影响客户的关键时刻。

卡尔森是北欧航空公司的前总裁,在他看来,所谓的关键时刻就是客户与北欧航空公司的职员面对面沟通交流的时刻,放大之,就是指客户与企业的各种资源发生接触的那一刻。这个时刻会决定企业未来的成败。

1981年卡尔森出任北欧航空公司总裁时,当时公司已连续亏损,卡尔森上任后力挽狂澜,不到一年时间公司扭亏转盈。这种业绩的取得,得益于卡尔森向北欧航空公司的员工灌输的"关键时刻"理论:

公司一年有1 000万名乘客×5名员工×15秒＝5 000万次的"关键时刻",一个关键时刻的核心不在于时间的长短,它意味着公司员工和客户的接触机会。其中,1名乘客在乘坐飞机时,可能会与5名员工打过交道,也就是5 000万个接触点。MOT很简单,需要企业关注"员工与客户接触的时段",员工要利用好这个接触的机会,修补不足,提高满意,让客户有更好的体验和满意度。

每家零售商在和用户的接触中,都包含了上千万个"MOT",如果每一个MOT都是正面的,那么客户就会更加忠诚,从而为商家创造源源不断的利润。

相对于用户大数据,关键时刻的小数据往往能起到四两拨千斤的决定性作用,零售业的关键时刻有很多,从用户小数据收集的角度,这里谈两个关键点。

1 关注"消费者表情指数"

去商场消费时,我们都有过这样的体验:在付款后走出商场的时刻,如果购买的商品很超值,自己很喜欢,性价比非常高,价格又在自己承受范围之内,内心通常很激动、很期待。

相反,如果商品本身没有太多打动自己的亮点,是在犹豫不决的情况下做出的购买决定,或者是价位明显超出了自己的承受范围,在这时则会表现得有些心疼、有些烦躁、有些后悔。

对于这种现象,"名创优品"创始人叶国富发明了一个新词——消费者表情指数。

叶国富经常在旗下实体店观察消费者的购买行为,根据长期观察,他总结出这样一条结论:消费者付款之后到走出店门那几步的面部表情,暗藏玄机,如果他们一边翻腾购物袋里面的商品，一边面露喜色，说明他们对这次购物比较满意，说明商家的商业模式可行，能够打动消费者；相反，如果消费者在这几步的行走中，面无表情，或面露难色，则说明他们对这次购物经历不够满意，有所怀疑。

在叶国富看来，经营实体店其实并不需要什么高深的理论，最本质之处在于能够洞察消费者心理，并设法满足他们，"商业成败的核心，就是在收银台到门口这5步距离，消费者脸上的表情，消费者挑选商品伸手的那一刻，就决定一个企业的生死。"

消费者表情指数本质上反映的是消费者期望值的问题，如果商家能够满足甚至超出他们的心理预期，则消费者表情是欢欣愉悦的。反之，如果消费者的心理预期得不到满足，这种表情就会充满烦躁焦虑。

2 关注用户评论

消费者在网上购买某项商品之前，除了要看性价比之外，绝大多数人都会参照以往消费者的购物评价。不论是在京东、当当、亚马逊，还是淘宝、天猫，都不例外。

甚至，人们在去往某家线下零售门店消费之前，也会在大众点评网之类的第三方网络平台上先搜集查看一下大家对其评价的好坏。这些评论会直接左右客户的消费行为。

用户评论一方面是消费者赖以参考的标准，它更是商家分析用户数据、找用户痛点的一个天然数据库。

关于如何从评论中收集信息，春水堂创始人蔺德刚分享了这样一条经验："通过深度阅读数据可以发现很多用户需求，我们曾在聚划算做过一次活动，我花一晚上看用户评论，300条用户评论基本在二三十字以内，有人说震动给力，有人说尺寸合适，有人说包装隐蔽性好……我一一拆解评论要素并归纳总结，最终发现用户购买震动器的核心关注点，所以用户数据深度分析尤为重要。"

试想一下，我们自己在网上购物或线下商家消费后，会写评价吗？会在什么情况下写评价？

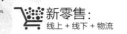

我相信更多是出于以下两种情况。

第一，对商品特别满意，超出了自己的期望值，心情激动之余给商家留了个好评。

第二，对商品极度不满意，立马给商家一个差评，以泄愤。

不论是好评还是差评，或是中评，都是值得营销人员用心去研究的。

首先，好评反映的往往是产品的兴奋点，是最让用户满意的地方。

通过好评，可以看到自家产品的卖点所在，不断围绕用户好评中的诉求点，去提炼优化营销方案；同时可以看到竞争品的优势所在，吸取其所长，也能有效规避跟竞争对手的核心优势进行硬碰硬。

其次，差评反映的往往是用户的吐槽点和痛点，是让他们最不满意的地方。差评，一般不会是商家刷出来的，可靠度更高。简直是用来分析、发掘用户痛点的神器。将用户对产品（服务）的差评筛选、归类，按轻重缓急程度排序，一定能够找到用户的痛点，进而对产品、服务或相关体验进行有针对性的完善。

最后，给出"中评"，说明用户不痛也不痒。中评过多，也值得注意，用户之所以不痛不痒，是因为商家提供的服务既没让他们失望，也没给他们带去惊喜，平平淡淡，没有亮点，也没有明显的不足。其实，这也是缺乏竞争力的一种表现，一旦用户遇到更具性价比的产品，就会弃之而去。

新零售的小数据思维，其实就是找出用户体验、用户接触中的关键点，关键点即痛点，这样才能抽丝剥茧，直抵问题的核心，将相应关系对象的最大顾虑消除掉。

第三篇

零售+生态系统：新零售应是一种共享共赢型零售

第九章
零售+生态：打造全零售生态圈

一、做生态：电商巨头的新零售生态系统

著名战略学家迈克尔·波特教授在其价值链分析模型中强调，产业链的不同阶段增值空间存在很大差异，维持上下游竞争优势对构建企业核心竞争力意义重大。

台湾宏碁集团董事长施振荣先生结合自己多年从业经验和波特教授的价值链分析模型指出，在3C产业链乃至整个制造业，上游的研究开发与下游的销售服务工序附加值较高，而中间的组装工序属于劳动密集型工序，由于标准化作业的采用和竞争的加剧，利润空间最小，因而整个3C产业制造工序流程的附加值线条就形成一个两头高、中间低的"U型曲线"，看上去就像微笑的嘴唇，施先生称为"微笑曲线"（见图9.1）。

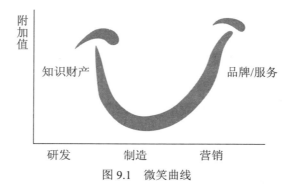

图 9.1 微笑曲线

这是一条微笑的曲线。两端朝上,在产业链中,附加值更多体现在两端——研发和营销,处于中间环节的制造附加值最低。微笑曲线的一头是知识产权,这方面的竞争是全球性的;另一头是分销,是品牌和服务,这方面的竞争则要结合地域优势,是本土市场的竞争。

显而易见,处于微笑曲线的两端的企业,利润空间最大;而位于微笑曲线谷底的企业,它们最没有话语权和定价权,只能赚取微薄的利润,甚至亏损、入不敷出。

每家企业都处于商业生态系统中的某一环,即微笑曲线的某一段,企业所处的位置决定了其生存的难易程度、竞争力的强弱、获利能力的高低、话语权的有无。因此,企业为了争取更强的话语权、更大的生存空间、更丰厚的利润,会竭力改善自己所处的生态环境,力争使自己生存得更舒服一些。

就零售业而言,相对于传统线下零售商,电商在扩张和生态系统的打造上要更激进,出于改善生存空间的考量,电商通常会借助资本的力量将上下左右的利益相关者统统纳入自己所在的商业生态系统,依托强大而完善的生态系统,来打通各个生态入口、平台、产品、服务,实现对生态系统内资源的重组,满足消费者多层次、多元化、多渠道的需求,从而打破渠道和产业链的边界,搭建全新的生态型新零售系统。

电商生态系统的打造,表现在以下两个方向。

1 内部生态系统打造

即以电商平台为核心,做好内部组织架构调整,进行事业群划分,同时布局并孵化供应链、支付、物流、大数据等多个子系统。比如,阿里集团依托淘宝网、天猫等电商平台,借助支付宝、阿里云、菜鸟网络等支持系统,来加大在各个细分行业的拓展,打造跨越全产业链的一站式电商生态系统。再比如,亚马逊以传统的图书产品为切口,将硬件和内容服务完美融合,衍生出一系列相关产品和服务,为消费者提供了一站式的消费解决方案,它们是紧密围绕内容、数据和用户需求建立一套完整的电商生态系统。

2 外部生态系统打造

即通过并购、投资、入股等形式，将外部的产业链相关企业纳入自身的生态系统，构建无边界的电商生态体系。例如，京东集团采取对外投资的方式，布局金融、生鲜、汽车、旅游等领域，不断与生态系统内的关联公司展开合作，并与供应链上的品牌商和第三方零售商建立紧密的利益合作关系，将之共同纳入京东的大零售生态圈。

我们看到，电商企业因其固有的互联网开放基因，正不断敞开其生态系统，引入更多的上下游利益产业链相关方和其他利益相关方，以达抱团取暖、合作共赢的目的。电商的生态化趋势成了一股不容阻挡的潮流，它对于传统电商竞争力的提升意义非凡。

（1）电商打造生态系统，可以有效避免将企业的短板和命门受制于人，可以有效分担风险，提升企业价值和生命力。

（2）从营销层面讲，电商可以充分整合生态系统内的资源，从而实现跨界、跨领域的资源共享，并同时为生态内的其他企业服务，最终实现电商、合作伙伴、消费者三方的共赢。

（3）实现企业生态化运转，可以最大程度降低风险，降低企业运作和经营业绩的大幅度波动。

（4）通过资源共享、用户共享和流量共享，能够拓展新市场和新用户，生态内企业可以各司其职，各展所长，服务好共同的用户。

（5）生态系统的参与者可以联合行动，共担风险，同时共同努力开发新的市场和利润增长点，提升竞争力。

二、线下零售的小生态

传统线下零售商，除了要做线上线下融合，还要致力于打造自己的线下小生态，就线下的实体商业世界而言，无论是百货商场、连锁商超，还是社区小店、街边小店，都有自己的生态，在自己的生态系统内，自动循环运转。

线上线下融合有助于让线下生态更完善，同时要注重运用业态融合、跨界经营、异业联盟等一系列融合手段，来构建健康持久的零售小生态。

1 线上向线下导流

线上向线下导流模式，是 O2O 模式的实践，目的是通过 O2O 模式来为线下门店导流，提高线下成交量。

线上向线下导流，适用于品牌号召力较强、影响力较大的实体零售业，具体导流模式有：优惠券、门店查找、品牌宣传、数据营销等（见图 9.2）。

图 9.2　线上向线下导流的 4 种模式

优衣库打造的 O2O 闭环，主要目的就是为线下实体店提供引流服务，帮助线下门店提高销量，并做到推广导流效果可查、每笔交易可追踪。

在优衣库的"门店+官网+天猫旗舰店+手机 APP"多渠道布局中。优衣库的手机 APP 可以支持的功能有 4 种（见图 9.3）。

其中，优衣库的在线购物功能是通过跳转到手机端的天猫旗舰店来实现的，优惠券发放和线下店铺查询功能则主要是为了向线下实体店引流，增加用户到店消费的频次和客单价，提升经营绩效。

目前来看，优衣库已经有效实现了线上线下的双向融合（见图 9.4）。

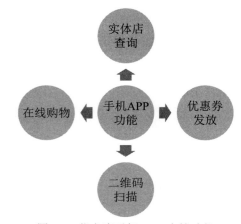

图 9.3　优衣库手机 APP 支持功能

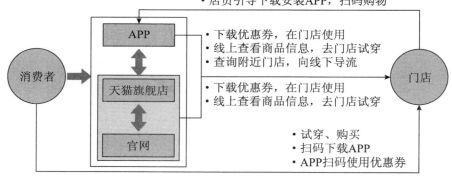

图 9.4　优衣库线上线下导流模式图

首先，APP 上设计的优惠券、二维码都是为引流而设计，消费者手持优惠券、二维码，只能在线下实体店内才能扫描使用。

其次，优衣库线下实体店内的商品和优惠券二维码，也只匹配优衣库的 APP，从而可以将线下实体店的消费者吸引到线上，提高 APP 的下载量和用户量，培养忠实的消费者，实现线上线下融合的良性循环。

除此之外，值得线下零售关注的是，现代移动支付手段，其价值不仅仅是增加一个支付通道，更重要的是打造一种最新的门店模式，增强购物的体验性和便利性，也是将消费者从线上向线下导流的一个重要途径。例如，某用户在西单商场内,购物后通过微信进行支付,支付成功后,顾客就会自动关注西单商场的微信公众号。后期商家就可以通过公众账号向用户发送红包、优惠促销活动等信息,甚至还可以同用户的微信 ID 进行绑定,那就是一个简单的 CRM(顾客关系管理)系统。

2 跨界融合

2014 年 8 月 20 日,《人民日报》著名评论栏目"今日谈"刊登署名马利的文章指出,一个行业面临变革的时候,也往往是最能触动反思的时候。如果不自我革新,就可能被推向边缘,我们不敢跨界,就有人敢跨过来"打劫"。新零售时代,一切变化都有可能。

细心观察的人已经发现,传统的线下零售店开始"变脸"了:超市不再像卖场,商品陈列注重体验感,还多了婴童中心、名酒中心、家庭厨房及轻餐饮等跨界"场景";咖啡馆也不是以往的老样子,成了创业孵化器;服装店里可以喝咖啡,享用小吃;银行大厅等待办理业务也不再无聊,你可以喝咖啡打发时间……

我们看到:

优衣库引入了星巴克,在美国纽约的优衣库门店,顾客可以把玩店家准备的 iPad,还能美美喝上一杯星巴克的咖啡。

永辉超市则牵手地产企业,为消费者提供全方位的跨界服务,顾客凭借购物小票,可到合作地产公司兑换同等金额的购房优惠券。

盒马鲜生作为一个新零售业态,看上去既不像超市、便利店、餐饮店,也不像菜市场,但又有四者的影子,在业内很多人说盒马鲜生是跨界经营的"四不像业态"。

线下零售店的跨界经营已经蔚然成风,我对跨界的理解是:某个消费群体总需要大致相通而品类不同的各种延伸性物品、服务,将它们聚集整合起来,就能实现关联销售。

跨界并非灵丹妙药,一跨就灵,总体来讲,线下门店的跨界应当具有如下基础(见图 9.5)。

1.跨界品牌主体本身要是强势品牌

2.跨界方向同主营业务密切相关

3.延伸品类和主营业务文化内涵一致

4.延伸品类能为顾客体验正向加分

5.延伸品类同顾客生活轨迹相关

图 9.5　线下实体店跨界的五个前提

线下门店做跨界融合时，要注意规避以下风险（见图 9.6）。

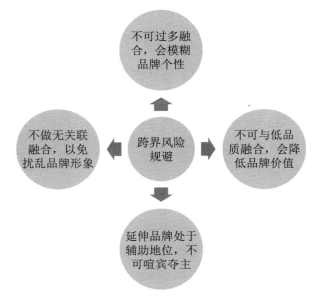

图 9.6　线下门店跨界融合风险规避

3 异业联盟

异业联盟（Horizontal Alliances），是指各个行业、各种层次的商业主体之间（见图 9.7），为了实现共同的利益，而组成的短期或长期商业联盟。

异业联盟参与者相对独立，同时又存在一定的利益共享关系。是一个相对紧密、资源共享、利益共存的联盟。

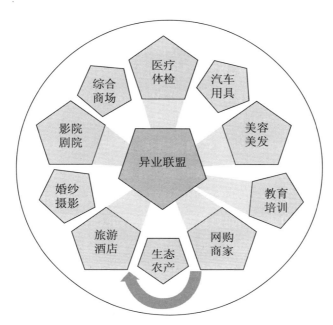

图 9.7　异业联盟的参与者

异业联盟看上去是个生疏的概念，但在现实商业环境中，它已经很常见。现在来看一个例子：三十多岁的林女士，开了一家服装店，天性爱美的她经常去一家美容院做 SPA。一次，跟美容店老板的闲聊中，双方无意中迸发出了一种双赢的合作思路：林女士在自己的服装店里，帮美容院老板娘做广告宣传，当顾客购物满 300 元时，就赠送一张美容院价值 300 元的免费体验券，当顾客拿着体验券到美容院里体验时，就成了美容院的潜在顾客。

同时，林女士会印制一些代金券放在美容院。美容院顾客消费到一定额度，就可以得到服装店的代金券，可以直接到服装店里消费，抵扣现金。

由于双方在产品上不存在任何竞争，在商业地位上相对平等，面对的消费群体也比较一致，只有合作而没有冲突，互利互惠，双方一拍即合。

异业联盟，是一些没有任何业务交集的商家，出于共同抵御市场"寒冬"的需要，来"抱团取暖"的一种合作方式，可为参与者带来诸多积极效应（见图 9.8）。

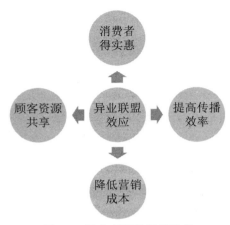

图 9.8　异业联盟的积极效应

（1）实现顾客资源共享。

联盟参与商户之间，可以实现顾客资源的共享，积"众弱"为"众强"，共同对抗电商和线下大品牌、大商家的冲击，这也是异业联盟进行资源共享、资源整合、资源营销的核心。

（2）让消费者得到实惠。

异业联盟可有效实现消费者利益最大化，它的实质是将分散的各大利益主体共置于一个公共平台上，在这个平台上，各方均能在合作的达成中实现自己的利益。在这个过程中，消费者也实现了"利益均沾"，得到了最大化的实惠。

（3）降低营销成本。

首先，异业联盟降低了营销成本。联盟商家的联合促销费用一般是由双方和多方共同投入，有效降低了广告宣传成本，另外营业额增加了，也等于变向增加了利润，减少了促销费用。

其次，通过异业联盟的渠道交换借用，可有效增加产品/服务的渗透率，降低昂贵的渠道成本。

（4）提高传播效率。

线下门店影响力的扩散和品牌效应的形成，需要不断地通过各种渠道来强化。通过异业联盟，商家可以利用其他商家品牌的影响力和传播渠道进行宣传，彼此搭便车，能有效提高传播精准度和效率。

三、新零售的全域营销

随着智能手机和平板电脑等移动终端的大量普及，消费者在移动端购物成了一种新潮流，他们不再是刻意地"去购物"，而是随时随地都可以购物，消费模式再也不受时空的限制，导致传统的商圈、消费渠道由集中到分散，由中心化到去中心化。

1 去中心化的商圈

城市化的突飞猛进，使城市商圈进一步成熟和扩散，各种 CDB 商圈、城市中心商圈、副中心商圈、区域中心商圈不断涌现出来，直至街道商圈、社区商业，商圈从地理上已经被充分碎片化，进而，消费者的选择无限增多，也被无限分散。

2 去中心的渠道

以往，消费者要装修房子，通常要去建材市场购买原材料。如今，形势完全变了，他们可以去装修公司的材料馆，可以去各种品牌专卖店，可以去天猫、京东、淘宝等电商平台，也可以去各种品牌的 O2O 体验店，也可以参加五花八门的团购会。

新形势下，消费者再也不会集中选择某一个或几个渠道，谁也不知道他们会在什么时间选择什么渠道去购买。

3 去中心化的品牌

过去，每个领域都有各自的核心品牌。买电脑，有联想、戴尔、惠普；买手机，有苹果、华为、三星；买运动服，有阿迪达斯、耐克、李宁……

如今的消费环境，各个细分领域的品牌无限增加，各种传统品牌、网络品牌、自品牌争奇斗艳，而消费者也不会忠于某几个品牌。更何况，年轻一代的消费者只追求自我，品牌倒在其次。

4 去中心化的消费方式

去中心化时代，消费者的消费行动变得难以捉摸，他们可以随心随欲在任何时间、任何地点通过多样化的方式完成自己的消费，而不必再局限于特定时间、特定场所进行消费。

5 营销环境的移动化、碎片化

随着智能手机的普及率越来越高，以及人们对智能手机依赖性的越来越强，整个消费环境都呈现出移动化的特征。

而消费的碎片化特征也非常明显，移动互联网时代，每个人都是移动终端，都是消息源，都是自媒体，消费者的注意力被各种传统媒体和新媒体无限分散，使他们消费行为不论是在需求、地点，还是时间上都呈现出碎片化趋势。

消费者在时间和空间上被最大限度地分割，消费者看不见了。

在去中心化的碎片时代，消费市场也被无限分割、分散，消费者的选择无限增加，对特定商家、特定品牌的忠诚度和黏性则在逐渐降低。

去中心化的移动互联网时代，消费者的购物路径也逐渐演变为"六个触点"（见表9.1），所谓"触点"（Touchpoint），是消费者与商家发生联系过程中的一切沟通与互动的点，包括人与人的互动点，人与物理环境的互动点等。

表 9.1 移动互联网时代消费者购物路径的六个触点

售前（Pre-Buy）阶段	即移动购物的调查阶段，消费者去逛商店之前会使用移动终端搜索目标商户，查询商家信息
在途（In Transit）阶段	消费者抵达实体店或附近商圈。发生在消费者前往一个商店或者办事的过程中，营销者要根据用户手机的位置和移动速度，提供针对性的价值信息，鼓励他们打开特定的APP应用程序
在店（On Location）阶段	消费者到店后，相关人员应把握机会，做好对接与互动，避免顾客流失，错失良机
决策（Selection）阶段	沟通了解之后，消费者会权衡利弊，暗自做购买决策
购买（Purchase）阶段	这也是一个不容忽视的阶段，消费者支付的便利度和商家成交后的微妙态度变化，都会影响消费者的消费体验
售后（Post Purchase）阶段	消费者会通过手机和各种社交网络分享消费的照片、视频和信息，并在第三方点评平台做出消费评价和打分

这种消费路径不再是一个有组织的线性过程,而是一个消费闭环(见图9.9)和消费循环,上一次的消费体验将会决定消费者是否再做回头客,是否愿意再做一次消费循环。

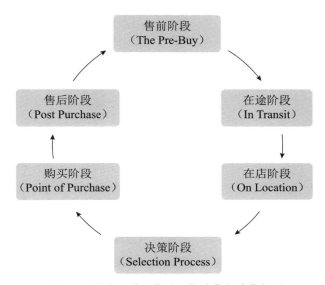

图9.9　移动互联网背景下的消费者消费闭环

触点之所以重要,是因为消费者是基于他们在各个触点上的累计体验,而形成对商家的一个总体认知。这种认知会直接影响消费者对商家形象的判定,影响其后续消费行为。

1 全触点营销

商家应找出足够多的消费触点,把控好细节,完善每一个触点的顾客体验,提升顾客满意度。

零售商经营生态系统上的任一触点出现空白,或体验出现偏差,都有可能导致顾客的流失。

如今消费者被"大中小"三屏(见图9.10)所包围,面临无数的消费触点。

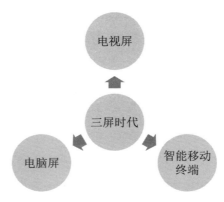

图 9.10 三屏时代

其中，电视屏针对的是传统营销模式下的消费者，电脑屏则对应着 PC 互联网时代的消费者，而智能终端（手机、平板电脑、智能手表、智能眼镜）裹挟着前两者，催生的是移动互联环境下的消费新生代。

当互联网用户、智能终端用户、信用卡及其他电子支付工具用户、便捷物流配送用户，四者交叉覆盖达到一定量值时，新的全渠道全触点营销模式就会出现（见图 9.11）。

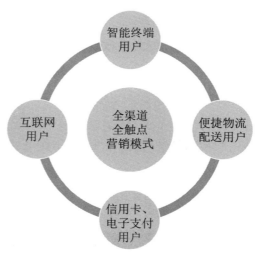

图 9.11 全渠道全触点模式的用户交叉

这种背景下，要留住消费者，商家需要在每一节点周密思考可能发生的所有消费场景，借助全渠道全触点的营销模式，用360°的无缝体验去包围消费者，满足他们不间断的消费需求，通过即时、动态、开放、连续的多渠道途径帮助顾客实现无障碍消费。

全渠道全触点营销模式，是基于人与人、人与物、人与媒体高度互联的环境下，消费者的决策路径已发生质的改变，线上线下也不再是独立、分行的渠道，是这种情景下的一种以消费者为全程关注点的营销渗透模式。

全渠道模式下，消费者对商家、品牌、产品、服务、价格、口碑等信息的获取，在不同地点，可以自由地采取线上、线下"并存和双跳"的方式，打破现有线下实体店、线上网店的单向单选的局面。

2 全渠道营销

除了全渠道，全触点同样重要。所谓"触点"（Touchpoint），是消费者与商家发生联系过程中的一切沟通与互动的点，包括人与人的互动点，人与物理环境的互动点等。

触点之所以重要，是因为消费者是基于他们在各个触点上的累计体验，而形成对商家的一个总体认知。这种认知会直接影响消费者对商家形象的判定，影响其后续消费行为。

消费者触点的循环周期分为4个阶段（见图9.12）。

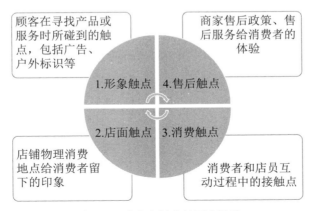

图9.12 消费者触点的四个阶段

针对以上 4 个接触阶段，商家应找出足够多的触点，把控好细节，完善每一个触点的顾客体验，提升顾客满意度。

3 全域营销

相比全触点全渠道营销，全域营销是一种全新的新零售营销方式，它基于零售商所拥有的各个线上线下渠道。以大数据为资源，旨在建立全链路、精准、高效、可衡量的跨屏渠道营销体系。比如，阿里系零售推出的 Uni Marketing，它是基于阿里新零售系统用户的统一身份 ID，即淘宝账户、支付宝账户或阿里旗下其他生态构成方的用户数据，比如优酷、UC、盒马鲜生、银泰等，在这些用户账号体系之上，阿里系新零售的数据资源就实现了统一身份，并且做到了可辨识、可分析、可触达，进而实现对生态系统内所有用户的全媒体、全渠道、全数据、全链路式营销。

（1）全链路。阿里生态系统内的每一个 Uni ID 都是打通的，覆盖了用户各个层面、各个领域的需求，可以全方位获知消费者的消费需求和消费习惯。

（2）全数据。打通大数据和云计算技术，深度分析并预测用户需求，实现流量的智能分配和营销的精准匹配。

（3）全媒介。Uni Marketing 全域营销可以覆盖阿里生态系统内的所有媒介——以淘宝、天猫、聚划算、盒马鲜生、银泰为代表的线上线下零售媒介；以优酷土豆为代表的视频媒介；以新浪微博、陌陌、钉钉为代表的社交媒介；以 UC、高德为代表的搜索和流媒介等。

（4）全渠道。打通线上线下各个零售渠道，以大数据作为基础，为商家和消费者构建个性化的消费场景和消费连接。

第十章
零售生态系统的新能力

一、供应链能力：对上游供应链的控制

客观地讲，零售商是直接面对消费者的销售终端，处于微笑曲线的营销、销售环节，处于相对有利位置。不过，当所有竞争对手都处于同一起跑线时，这种优势将不再是优势。

在新零售环境下，零售商应注意供应链管理上的新趋势。

- 传统供应链模式下，零售商与消费者直接接触，接触点是线下实体店和线上网店，服务效率较低，未来的新零售供应链将是网状模式，品牌方、零售商和消费者之间的接触会是高频、高维、多触点的，消费者可同零售商、产品设计师甚至于生产工厂进行直接互动。
- 新零售时代，供应链的链条将大大缩短，产品从设计到交付的整个环节会得到最大程度的优化，冗长分裂的供应链会充分融合，更接近消费者。
- 为了满足消费者的个性化、多样化需求，未来的供应链将是弹性的、敏捷的、智能的、和谐的。
- 未来的供应链管理依据将更多依赖大数据和用户画像，而不是人工判断和人工经验。

除在事关供应链未来发展趋势上做好布局和筹划外，一些传统的供应链优化能力不仅不可丢弃，而且要进一步强化。

1 掌控上游产业链

"迪卡侬"是一家法国零售商，在电商冲击、竞争对手频频收缩战线、关

停门店的背景下，它却实现了逆势增长。2014 年，"迪卡侬"全球营收达 82 亿欧元，同比增长 10%，中国区则实现营收增长高达 46%，销售额连续三年增长超过 40%。

同"好市多""阿尔迪"等零售商一样，"迪卡侬"的核心竞争力也体现在产品的高性价比上，这得益于"迪卡侬"的全产业链布局，"迪卡侬"构建了包括采购、设计、生产、品牌、物流、零售等在内的完整的体育用品产业链，剔除了一切中间环节，将产品质量和成本的控制权牢牢把控在手。

"迪卡侬"拥有 20 多个自有品牌，生产基地遍布摩洛哥、土耳其、中国等成本相对低廉的国家和地区。

首先，"迪卡侬"通过优化产业链，掌控设计、零售等高附加值的环节；其次，对于生产等低附加值环节则通过"全球布局"思维，根据不同地域劳动力成本、汇率、安全等情况对生产随时做出调整。

这一模式一直沿袭至今，确保了"迪卡侬"的竞争优势和成长力。

2014 年，"迪卡侬"在中国新开店 32 家，2015 年，新开店数量则达到 49 家，在中国总计拥有 166 家门店。

2 提升产业链话语权

对于中小商家而言，直接涉足上游产业不太现实，但可以通过运作，在小范围内实现有限度的产业链话语权，改善生存环境。

说一下宜家模式，同"迪卡侬"直接进军上游产业链不同，宜家对上游重点放在了"把控"上，仅仅抓住产品设计和销售这两个处于微笑曲线的两端，这里是利润回报最大的环节，其余的利润回报较低的环节基本采用外包的方式完成产业链的协同。

宜家通过规模效应，提高议价能力，对供应商进行压价，搜寻性价比最高的商品出售给消费者。

为了降低采购成本，宜家在全球设有三十多个代表处，他们在全球范围内不断搜罗供应商，通过规模优势与之博弈，采取评分竞标的方式筛选供应商，使得供应商不得不降低价格赢取订单。

另外，为了避免受制于供应商，宜家对产品都有设计专利，只是委托供应商生产，这是宜家能够控制供应商的另一件法宝。

通过对产业链核心环节的重点把控和布局，宜家也活得很滋润。

3 科学筛选供应商

选择供货商需要慎重，谨慎选择供货商不但可以避免经济上的浪费和损失，更是与之建立长期稳定合作关系的前提。

（1）初选供货商。

初选供货商，要找出三家以上有代表性的供货商，进行综合考察。在考察过程中要重点了解供货商的实力、专业化程度、货物来源、价格、质量及目前的供货状况，并划定出初选的范围。

（2）试用供货商。

对于同类商品，找出两家同时供货，重点从质量、价格、服务三方面来进行比较，在为期两个月左右的试用期中，记录供货商表现，以确定最终选择。

（3）确定供货商。

在试用两个月的基础上，由店长（经理）、财务人员、采购人员组成审查小组，以民主表决的方式集中投票来确定一家供货商。

（4）签订供货合同。

确定供货商后，由店长（经理）与供货商签订供货合同，合同期限一般不超过一年。

（5）供货商的更换与续用。

在合作的过程中，如发现供货商有不履行合同的行为，在合同期满前，由审查小组集中讨论决定是否更换、续用。

二、社群营销：对下游消费者的触达

先了解以下几个概念。

1 什么是社群？

传统意义上的社群，应符合的特征有：有稳定的群体结构和较一致的群体意识；成员有一致的行为规范、持续的互动关系；成员间分工协作，具有一致行动的能力。

2 什么是网络社群？

艾瑞咨询在近期发布的《2016年中国网络社群研究报告》，给网络社群下了一个明确的定义："有共同爱好、需求的人组成的群体，有内容、有互动，由多种形式组成。社群实现了人与人、人与物的连接，提升了营销和服务的深度，建立起了高效的会员体系，增强了品牌影响力和用户归属感，为企业发展赋予新的驱动力。"[①]

今天，我们所说的社群更多是网络社群，在吴晓波看来："社群是一种基于互联网的新型人际关系。"

网络社群同社区、社交网络有所不同（见表10.1）。

表10.1 网络社群同社区、社交网络的区别

	网络社群	社区、社交网络
形成	社群的形成由管理者主导	完全由个体主导
结构	社群是制度化的	社区、社交是自由化的
关系	强关系	弱关系
输出	传播较慢	传播快

社群相对于社区，属互动性更强的"强关系"，社群成员之间往往建立了强链接（见图10.1）。

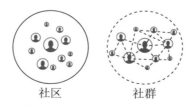

图10.1 社区和社群的拓扑图

---

① 中国首个社群研究报告发布，社群3.0时代来临.齐鲁晚报.2016年8月31日.

3 什么是社群经济？

有社交的地方就有人群，有人群的地方就有市场，有市场的地方就有商机，就有经济利益。

小米公司有一套独特的福利吸粉模式，通过促销、优惠、新品特卖等手段吸引粉丝参与，为品牌聚集人气。其中，米粉节是小米回馈众多米粉的一个典型节日，小米在该阶段利用极其诱人的促销折扣吸引粉丝疯抢产品，创造了一个又一个销售奇迹。比如，在2016米粉节，小米网总销售额突破18.7亿元，累计参与人数4 683万人，游戏参与10.2亿次。

这种直接让利的吸粉模式，形成了庞大的米粉社群，这就是小米公司的高忠诚度的社群——小米粉丝社群，这是小米线下体验店"小米之家"的一个重要顾客群体。

星巴克也很擅长社群营销的操作，在Twitter、Instagram、Google+、Facebook等互联网社交平台上，我们都可以看到星巴克的身影。

在Facebook和Twitter上，星巴克市场向粉丝推广新产品，顾客可以从中了解新品资讯、优惠福利等。

在Twitter上，星巴克也展开了针对粉丝的宣传，并通过文章引流，形成粉丝社群。

星巴克还通过与Foursquare合作，进行抗艾滋慈善活动，顾客到星巴克消费，并在Foursquare上打卡，星巴克就会捐出1美元，在做慈善的同时，星巴克以较低的成本收获了大量忠诚顾客，加入自己的社群阵营。

知名媒体人吴晓波认为，社群的商业意义表现在以下几个方面。

其一，社群能够让消费者从"高速公路"上跑下来，形成真实的闭环互动关系，重新夺取信息和利益分配的能力。

其二，社群让互动和交易的成本大幅降低，从而令优质内容的溢价得以实现，而消费者的支付也得以下降。

其三，社群能够内生出独特的共享内容，彻底改变内容者与消费者之间的单向关系，出现凯文·凯利所谓的"产销者"。[1]

---

[1] 吴晓波. 我所理解的社群经济. 吴晓波频道. 2016年2月16日.

在吴晓波的逻辑里，社群同优质内容有着重要关联。而免费的优质内容分享恰恰是聚拢人气、吸引粉丝、形成社群的关键所在。

能提供高质量内容的知识提供者是产生优质社群的源头，吴晓波介绍过自己亲身经历的一个案例。

"涨粉最多的那一天，一定是写出了一篇好文章。比如我写的《去日本买了个马桶盖》，当天就增加了 1.8 万粉丝，第二天又增加了 1 万。没有任何的侥幸，粉丝都是一枪一枪打出来的。"

只有当客户变成用户，用户变成粉丝，粉丝变成朋友的时候，才称得上是社群。

未来，是社群与社群之间的竞争，谁能吸引更多的优质用户进社群，谁能占用社群用户更多的时间，谁就能抢占先机，形成竞争优势。

在一个成熟的社群生态中，社群领袖要能够满足用户在参与感、热度、利益、信息补充、价值认可上的需求（见图 10.2），这样社群才能高效、良性运作。

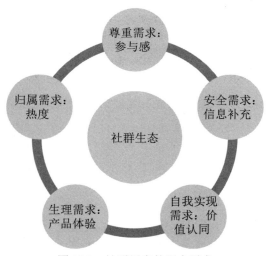

图 10.2　社群用户的五大需求

待商家将成熟的社群生态搭建起来之后，就可基于社群，进行精准的、高黏性的社群营销。

4 社群粉丝营销

在互联网时代，零售商也需要粉丝，需要将顾客尤其是忠实顾客变为粉丝，要具备粉丝经济的思维，懂得迎合和取悦粉丝，懂得跟粉丝互动，这样粉丝就愿意跟着你，而且越炒粉越多。

粉丝和互粉精神的本质，在于强调对粉丝（对顾客）的迎合和互动。在互动的过程中进行品牌的广而告之，根据粉丝的个性化需求，做好产品、服务的延伸扩展，满足粉丝需求，让他们感觉开心和满足。粉丝和商家之间互相欣赏，彼此喜欢，把"弱关系"变成"强关系"，打造持续发酵的口碑效应。这就是一个粉丝营销的完美闭环（见图10.3）。

图 10.3　粉丝营销示意图

社交时代，粉丝已经从"被动接受者"转变为掌握传播主导权的"主动参与者"，他们不但是市场消费的主体，同时也是引领市场潮流的意见领袖。

在此背景下，零售商应通过发掘粉丝潜能、重新定义同消费者的关系模式，打造粉丝社群，构建粉丝经济生态链。

在粉丝营销上，"名创优品"的做法值得借鉴，早在2015年上半年，"名创优品"的官方微信公众号，就吸附了超过800万粉丝。

早在开通公众号之初，"名创优品"给其的定位是——只做消费者朋友的社交媒介平台，在这个平台上名创优品从粉丝需求入手，去充分挖掘他们的兴

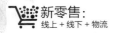

趣点,分析他们的注意力,深入研究他们的语言风格,结合时下热点打造话题内容,来和粉丝做深度互动。在微信公众平台上,"名创优品"提供更多的是服务和体验,而不是一味地推送广告宣传信息,主要通过热门有趣话题的互动,带来活跃流量,形成口碑传播,在更广泛的范围内实现话题发酵。

在这个过程中,粉丝就渐渐产生了品牌黏性。

第十一章
新零售的新趋势

一、零售市场的重返实体店现象

来自 eMarketer 全球零售市场新指数显示,美国近 8 成消费者更喜欢在实体店购物,网购的零售收入占比只有 6.5%。另有 70% 的全球受访者表示,他们在网上浏览产品,但决定在线下零售门店购买。

在趋于理性和追求品质生活的国内消费者中,反展厅现象也在蔓延。如今,"80 后""90 后"已成为主流消费群体,以往他们比较青睐电商的性价比和便利性,如今,年轻的消费者更注重特色化、个性化需求和线下购物的体验感。

埃森哲最新调查数据也显示,零售市场出现了"重返实体店"的迹象,通过线下实体店进行购物的消费者比例,从一年前的 18% 攀升至 26%。

调查中,有 93% 的消费者表示线下购物"非常方便/方便",远远高于网络的 75% 和移动设备的 61%。

从购物体验和便捷性的角度看,线下门店比电商有着压倒性优势。这就是体验经济的魔力,而体验,恰恰是电商平台的硬伤,体验经济,也是倒逼电商转战线下的根源。

正是相对于电商的体验优势,不论媒体和舆论曾经多少次过度渲染实体店的关店潮,不可否认的是,实体店目前仍是中国消费渠道的主流。所谓的"关店潮",淘汰的是不适应市场竞争的商家,留下的是生命力更强的"精锐"。

关停的线下零售店固然有电商的冲击,但更多是死于"内伤",而不是互联网的冲击。更何况,在关店潮的背后,开店潮也当仁不让,一些经营有方、与时俱进、定位合理的实体店,在互联网时代仍在大放异彩。

我们看到,即使在传统实体店关店潮最严重的2015年,在关店潮的背后,则是更多线下新兴零售力量的崛起。

当实体店惨淡经营之际,一家名为"名创优品"的实体零售品牌却逆势发展,销售商品以10元、20元的精品为主,祭出"优质低价"的撒手锏,两年间开店高达1 100家。同门可罗雀的传统卖场相较,"名创优品"店内总是人潮涌动,100平方米的门店月流水可达100多万元,年总营业额已突破50亿元,在零售业的寒冬料峭中独树一帜。

良品铺子,一家专注做零食的传统零售企业,在电商攻城略地时代,异军突起,另辟蹊径,2015年新开线下门店800家,总门店涨至2 000家,实现销售收入45亿元。企业花重金请黄晓明做代言,将广告做到了美国时代广场,老板扬言要将门店开向全世界。

海澜之家,一家专门做男装的服装品牌,成立于2002年。如果说零售业是受互联网冲击最烈的行业,那么服装店在零售业中则是首当其冲被电商所摧残,就是在这样一个从业者哀鸿遍野的细分领域,海澜之家却实现了逆势上扬。2015年上半年海澜之家营业收入为79.3亿元人民币,同比增长39.6%;上半年新开门店达207家,门店总数达3 382家,较上一年同期增长了6.89%。

实体书店,受互联网和电子书的冲击之烈丝毫不亚于实体服装店。即使这个领域,仍然不乏顽强的店主逆流而动,在成都、西西弗、今日阅读、轩客会·格调等创新融合品牌书店,忽如一夜春风来,开遍各大商场、综合体和社区:2016年4月30日,西西弗位于成都的第8家分店开业,据《西西弗·城市编年史》显示,仅2015年一年,西西弗的版图就扩张到了6个新城市;作为四川本土的书店品牌,今日阅读在成都开设18家分店,而轩客会·格调的数量则接近20家。

此外,在服装零售领域,以优衣库、ZARA等为代表的创新型生活方式集合店,也都在逆势加速扩张,成为各大商场的主力店。

通过这些现象,能够得出以下几个结论。

第一,线下实体零售业的主体地位难以动摇。我国电商发展已经到了相对成熟的阶段，增速递减，可以预见的是，在未来一个想当长的时期内，电商都难以撼动线下实体商业的主体地位。

第二，电商与线下零售、线上与线下界限越来越模糊。移动互联时代，电商在布局线下，传统零售也在进军线上，线上与线下已经实现高度融合。O2O全渠道将是零售的未来，这已成行业共识，实体零售商也都在投资打造线上线下融合的多渠道以及数据设施，甚至呈现后来居上的态势。

对着线上线下的高度融合，电商与线下零售的边界更难以界定，当然也就不存在谁被颠覆的问题。

第三，线上线下将共生共存，优势互补。实体零售的高度真实性、重体验性，是电商所不具备的，也是其无法替代的。未来的电商与线下零售将共生共存，正如王健林所言"我觉得不是胜负，我觉得双方（电商和实体商业）都能活。"

线下零售不会为电商所颠覆，更不可能消失。当然坚定和乐观的中国线下零售依然是未来的主流渠道，并不意味着排斥互联网，故步自封。

修炼内功，与时俱进，深耕场景化营销，打造差异化竞争优势，是线下实体零售业者应该持有的姿态，也是实体商业转型的一条新出路。

欧洲营销之父夏代尔称："要么创新，要么蒸发。"

新零售"狼来了"，恐惧、逃避于事无补，传统电商和线下零售商要学会"与狼共舞"。就像当年中国加入WTO，国内零售业人士都很担心外资超市的进入是"狼来了"，但现在回头看，外资超市的进入，反而让竞争更充分，带动国内零售业上了一个大台阶，强化了竞争力，市场表现比沃尔玛、家乐福等外资超市，不仅毫不逊色，反而更胜一筹。

如今，新零售来袭，这绝不是传统零售的末日，而是又一个发展的新起点。

传统零售正面临大洗牌，经过转型调整，零售商才能够拥抱未来，不过，这种未来是属于那些与时俱进、主动转型、敢于创新、勇于自我革命的零售商。

二、电商的入口演变

来看一个永恒的公式：销售额＝流量 × 转化率 × 客单价

流量是任何企业或者商家的必争之地，得入口者得金钱。互联网时代，入口更是决定商家生死存亡的关键要素。

随着互联网由诞生到成熟再到普及，电商交易入口也几经演变。

1 第一代电商交易入口：流量

对于从事电子商务的企业、商家而言，流量是一个非常重要的衡量指标。在他们看来，流量和现金流是同等重要的。他们甚至认为，只要有了流量，就有了销量。根据转化率，吸引1 000人点击，即使成交不到100人，至少也能有10人成交。

这个阶段，电商最重要的问题是解决如何引流的问题。

流量之于电商的重要，是由于交易机会的稀缺，线上流量相当于线下的客流，意味着交易机会。就如罗振宇所说："不管是你家楼下的油盐店还是网络上的流量，本质就是你不知道在哪儿买东西，这个就带来交易机会的稀缺。"

2 第二代电商交易入口：内容

移动互联网的发展和智能手机的普及，让消费行为呈现出碎片化趋势，消费者手持移动终端随时随地都可以进行消费，购物消费不再是一个有目的性的行为。

传统的商品流量时代，对消费者不再有吸引力，他们开始对新鲜的、优质的内容感兴趣，需要的是能够帮他们在海量的商品中做出筛选与甄别的内容，以便快速找到最符合他们兴趣点的商品和服务。

在移动电商时代，内容化身为"导购"，优质内容能让用户产生共鸣，让他们积极分享转发，获得额外流量。

另外，优质内容本身也能得到各大电商平台的流量扶持，得到优先展现，抢占电商消费入口。

3 第三代电商交易入口：知识

知识入口是"罗辑思维"等知识自媒体一直在探索的互联网交易入口，知识不同于上面谈到的内容入口。

关于这一点，罗振宇的解读很有代表性："我们现在看到的内容更多地是搞笑、搞怪，利用各种实时的热点，各种各样贴心塑造我的内容。但是我所讲的知识入口并不是这个。不知道大家有没有关注到一个现象，当你问自己的父母，老爷子过生日要点啥，我送你。他基本上都是我啥都不要。为什么？其实缺的并不是消费意愿和消费能力，缺的只是知识。没有知识在这个时代已经没有消费能力。

其实这跟前三代入口不一样，第一它不是流量；第二跟价格无关；第三个它也不是个网红，长得也不好看，又毫无魅力，只是因为它握有相关知识。所以现在国家在谈所谓的供给侧改革，我不知道经济学家怎样诠释。在我看来是我们需要增大供给的可能，在这个时代增大供给的可能恰恰是在知识侧提高起来。

虽然到现在还没有太多的例证说明，但是我坚信将来卖羽毛球相关产业的大拿一定是一个羽毛球教练出身的人，或者是有相关知识的人，红酒相关、威士忌酒相关、旅游相关、体检相关等。我坚信已经握有知识的人会成为入口。"[①]

4 第四代电商交易入口：人格

人格，即当前正火的 IP。

举个例子，假如你所喜欢的内容和知识都是由某一个人（某个自媒体、公众号、网红、平台、品牌）持续创造时，你就会由于信任而喜欢，由于喜欢而订阅，成为他的粉丝，你会信任他，甚至成为其付费用户，对其推荐的商品也来者不拒。这时，你对他的信任就已经升级到了人格的层面，当无数用户对其人格产生信任时，品牌效应就会产生，他就会成为一个被粉丝所认可的个人品牌，而粉丝就是他的流量。

这样，人格就成了交易的入口，而品牌化的个人就成了 IP。就像罗振宇所说："对于信任的稀缺度，就是我到底要信谁。一个清晰被广泛接受的人

---

① 2016 年 3 月 2 日，罗振宇在 2016 商业服务生态峰会上发表的主题演讲。

格，它应该可以整合成为商业链的入口。比如网红不断地变成一个现象，这就是一个人变成商业入口的例子。对于一个人的信任其实可以造就一个'限时扭曲层'。"

粉丝大多是忠诚的，他们不在意哪个平台，只会跟着 IP 流动。

未来最重要的流量入口一定是"人"，是 IP，而不是平台。所以拥有优质的产品只是第一步，更重要的是需要提供优质的内容吸引认可自己的粉丝，最终让自己成为流量入口，而不必寄生于某个平台。

三、零售新物种：知识自媒体电商

移动时代，传统电商受到了挑战，面临商品过剩、同质化、价格战、匹配度低、客户忠诚度低等问题。移动电商则呈现出被优质内容、被社交、被社群引导的新趋势。

这样的背景下，移动电商覆盖开始人以群分，电商主体则围绕人和社群做对应的产品投放。谁能抢占社群入口，谁就能拥有良好的用户口碑，谁能网罗一批粉丝，就能对粉丝进行潜移默化的定向销售，这是移动电商重要的发展方向。"罗辑思维"的用户、"吴晓波频道"的用户，都是已经被圈定的社群，属知识自媒体在电商领域的尝试，试着进行衍生实体产品的销售。

知识自媒体介入传统电商领域，进行衍生产品销售，具有得天独厚的优势，能解决传统电商难以化解的难题和痛点。

1 信任的问题

买卖是基于人与人之间的信任，只有信任的鸿沟被消除，购买才会发生。这也正是微商生意相对难做的致命因素所在——消费者对卖方缺乏起码的信任。

对于知识自媒体、知识网红而言，则不存在信任的问题，他们通过严格的认证审核规则和长期分享知识所积累的粉丝信任，足以支撑他们建立起知识服务市场和基于知识分享的电商市场。

再者，知识自媒体主体本人的人格背书，也能够充分填平和粉丝间的信任鸿沟。

2 变现的问题

有了粉丝，有了信任，变现就不再是问题。

2014年6月，罗振宇第一次尝试在"罗辑思维"粉丝圈销售图书，结果，定价499元的图书，在不到两分钟的时间里，竟然售出了8 000套。

牛刀初试成功后，"罗辑思维"迅速增加了产品种类，2015年，"罗辑思维"仅仅通过微信小店上的几十种图书，在坚持原价出售的底线下，销售收入就突破了1亿元。

"罗辑思维"的商业模式成功从付费会员制扩展到自媒体电商，如今除了图书和各种付费知识产品外，"罗辑思维"电商平台上的产品进一步丰富（见图11.1），解决了变现的问题。

图11.1 "罗辑思维"官方店-好物

"吴晓波频道"的电商平台也不遑多让，2015年6月18日，吴晓波在微信公众号电商平台推出集个人信誉、人格于一体的"吴酒"（见图11.2），不到两天的时间内，就卖出了5 000瓶，入账上百万元。

图11.2　"遇见美好的店"中售价159元的"吴酒"

3 忠诚度的问题

回顾一下第一章内容，谈了顾客忠诚度的问题，相对于传统电商消费者多处于"冲动型忠诚"层面，自媒体电商有很大不同，他们是基于高黏性、高忠诚度的粉丝而展开的商业活动，其消费者多属于情感性忠诚和行为型忠诚。

第四篇

零售+超预期体验：无限逼近消费者内心真实需求

第十二章
新零售：以用户体验为中心的零售模式

一、新零售："购买驱动"到"体验驱动"的转化

我们注意到，当国内线下零售商受电商冲击频现关店潮时，日本的实体零售并没有受到来自电商的太大冲击。

其根本原因在于：日本实体零售在用户体验上有不可替代的竞争力，比电商渠道要好很多，而商品价格和电商渠道却相差无几，因此消费者更愿意前往实体零售店消费。

国内线下传统零售也不例外，即使在电商发展最迅猛的时刻，一些线下商家的生意依然火爆，丝毫未见受冲击。

阿尔文·托夫勒在其著作《未来的冲击》中卓有远见地指出："未来经济将是一种体验经济，未来的生产者将是制造体验的人，体验制造商将成为经济的基本支柱之一。"

美国经济学家约瑟夫·派恩和詹姆斯·吉尔摩在1999年出版的《体验经济》一书，提出人们正迈向体验经济时代，体验经济将取代服务经济。作者认为："企业以服务为舞台，以商品为道具，以消费者为中心，创造能够使消费者参与、值得消费者回忆的活动。在消费者参与的过程中，记忆长久地留住了对过程的体验。如果体验美好、非我莫属、不可复制、不可转让，消费者就愿意为体验付费。

同一种商品，在农业经济中只值5元，在工业经济中值10元，在服务经济中值20元，在体验经济中就可以值30元。这是因为在体验经济中，消费者

对体验享受的评价最高,也愿意付出更高的价格。"

体验经济,是基于现实生活与场景,为顾客塑造感官体验及思维认同,吸引顾客注意力,引导并改变消费行为,为商品、服务找到新的生存价值与空间。体验经济是以服务作为舞台,以商品作为道具来使顾客融入其中的社会经济演进阶段(见图12.1)。

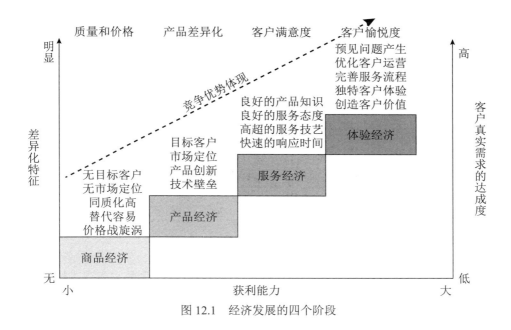

图12.1 经济发展的四个阶段

在传统商品经济和产品经济时代,零售企业的营销以商品为核心,关心的是商品的质量、数量、价格和实用性,结果导致同质化商品越来越多,消费者无从选择,最终只能选择价格,带来无休止的价格战。

在商品、服务同质化严重,供过于求的时候,零售商需要不断创新才能吸引消费者购买。体验营销是在商品、服务极大丰富的情况下,通过体验把差异化优势体现出来,通过体验实现价值的增加(见图12.2)。

比如,宜家家居商场就遵循了这样一条路径:他们为消费者再造了一个逼真的生活场景,向顾客展示了厨房的装修设计搭配方案,展示了卧室应该怎么装修,展示了客厅应该如何配置家具……当顾客置身这些样板场景中,感官会受到刺激，产生一种强烈的身临其境的感觉（情感），使他们产生一种迫切的渴望（思考），希望将这些家居方案搬到自己家里（关联），从而刺激顾客的购买欲望。

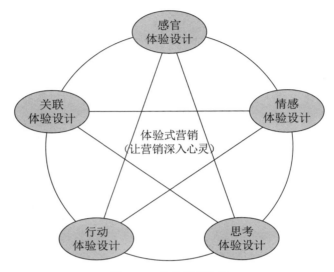

图 12.2　体验营销路径

这样做的结果就是，顾客本来只是计划去买个柜子，最后却买了与之搭配的整套家居（行动），因为有时顾客并不太明白居家的延伸搭配。这样，宜家就通过真实的体验场景，通过创新性的体验消费，成功引导出了新的消费需求。

新零售是基于消费升级的传统零售业升级，是以消费者体验为中心的数据驱动的泛零售形态，其变革的根本目的在于提升用户的消费体验，新零售转型成功的商家，多是敏锐地感知到了消费行为的发展趋势：从"购买驱动"到"体验驱动"的转化。

传统零售，是以企业效率为中心的经营模式，一般是股东第一，客户第二、员工第三；新零售企业，则是以用户体验为中心的经营模式，一般是客户第一，员工第二，股东第三。

二、线下门店是新零售体验致胜的重要一环

体验经济是一种场景经济,它的最佳载体就是线下零售门店。

消费者的感觉和感受,是电商无法做到的,无论虚拟现实技术如何演进,虚拟终归是虚拟,永远替代不了现实。这也正是为什么电商将自己的网页设计得再人性化、买家秀做得再漂亮,也不及线下实体店对商品的实际展示,因为线下这种零距离的触感是真实的、可见的、可信的,被低价冲昏头脑的消费者们冷静下来后,会做出理智的选择。

沃顿商学院市场营销学教授、杰伊贝克零售中心(Jay H. Baker Retailing Center)主任芭芭拉·卡恩(Barbara Kahn)说:"在购买过程中能'触摸和感受'一下商品,而且能得到销售员的帮助,这两点对于许多商品类型而言都相当重要。"

例如,顾客喜欢在店里试穿一下衣服或试戴一下项链,或者亲自掂量一下,看食品是否足量,然后再确定是否购买。这个过程,最好是有真人来做解释说明。

"对于这些类型的商品,线下体验将会非常具有价值。"卡恩说,"大量的证据证明实体店并没有要消失。"

线下零售远高于电商的成交转化率和电商巨头纷纷转战线下,无不源于此。实体门店的体验优势表现在以下几个方面(见图12.3)。

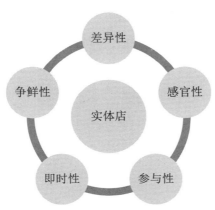

图 12.3　实体门店的体验优势

1 争鲜性

实体商业能为顾客提供无可替代的即时、新鲜体验，在实体商业空间中，顾客能够充分体会到逛、寻、品、试、摸、鉴、比的乐趣，享受到网络购物所无法提供的踏实与愉悦。

除去商品、服务本身所带来的新鲜、独特体验外，今天的实体商业，所提供的巧妙的业态混搭、赏心悦目的店面装潢、匠心独运的物品陈列、舒缓高雅的背景音乐以及充满温情的贴心服务，都能幻化成吸引顾客的强力诱因。

2 即时性

电商消费，从下单到收货，中间有一个物流环节，消费者需要付出等待的时间成本。实体店的消费体验中，则没有这种障碍，顾客消费时能获得一种身临其境的感觉，能够当即享受到产品和服务，立即带来心理上的满足感和愉悦感。

3 参与性

在一些线下自助式消费中，消费者可以充分参与到消费环节中，如自助餐、自助导游、自助制作（DIY）、自助调制饮料、农场果园采摘、点歌互动，等等。实际上，消费者可以参与到供给的各个环节之中。

目前，顾客体验正在由传统的功能体验、品牌影响，往体验式、参与式的方向演变，顾客希望能够充分参与到消费流程中去（见图12.4）。

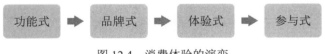

图 12.4　消费体验的演变

4 感官性

所谓"体验"，最原始的解释是通过身体的各个器官来感知、来体验，这是最原始、最朴素的体验经济的内涵。比如，去购物中心看电影，在某百货公司一楼大厅观看模特走秀……这些实体商业中的体验，都充分调动了身体五官，强化了消费者的体验度。

5 差异性

工业经济和商品经济追求的是标准化，这不仅要求有形产品的同质性，也要求制造过程的无差异性。在服务经济、体验经济中则表现出了相反的倾向。这是因为最终消费者的情况千差万别，商家要满足不同顾客的需求，就必须提供差别化的服务。

实际上，线下消费体验，取决于商家的地段、装潢、氛围、人员、态度等综合因素，每一个消费者从不同视角去察觉，都会带来完全与众不同的体验，这也正是实体商业的魅力所在。

体验式消费的兴起，是线下传统零售跨越提升的一大机遇，推进顾客体验管理是实体零售迫在眉睫的一项工作。

什么是顾客体验管理？它以提高顾客整体体验为出发点，注重与顾客的每一次接触，通过协调整合售前、售中和售后等各个阶段，认真衔接各种客户接触点或接触渠道，有目的、无缝隙地为客户传递目标信息，创造正面形象，为顾客带来正面感觉，以实现良性互动。进而创造差异化的顾客体验，实现顾客的忠诚，强化感知价值，从而增加店铺竞争力和营业收入。

通过对顾客体验的有效把握和管理，可以提高顾客对商家的满意度和忠诚度，并最终提升店铺价值。

线下零售商在认同和理解顾客体验理念和文化的基础上，需实时了解目前的顾客体验和顾客期望值。在日常营运中，先确定关键的体验节点，进行体验管理，对顾客期望值和实际体验的差距进行实时分析，制定针对性的改善措施，提升顾客体验。

顾客体验管理七步法如图 12.5 所示。

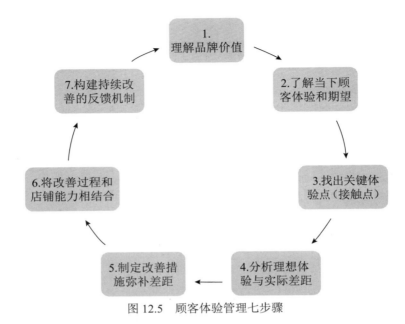

图 12.5　顾客体验管理七步骤

第一步：了解品牌价值。所谓品牌价值，即零售商吸引顾客的核心卖点所在，它可以是一流的性价比，可以是人性化的服务，可以是丰富多样的商品，可以是极具传承的品牌内涵，总之，一切能够吸引顾客光顾的差异化卖点，都是商家赖以生存的品牌价值所在。

第二步：了解当下顾客体验和期望。我们知道，顾客满意度是顾客实际体验值和期望值的差额，如果实际消费体验达不到他们的心理预期，他们的满意度就是负值，如果消费体验值超出他们的期望值，则其满意度为正值。顾客满意的程度，会直接影响他们的后续消费。

相对而言，顾客期望值很难去左右，商家可以通过提升顾客消费体验，来提升其消费满意度。实现这一点的前提是要去充分分析目标顾客的消费期望，客观考量门店所能给顾客带去的实际体验值。

第三步：找出关键体验点（接触点）。将店内能够影响到顾客体验的所有环节、所有接触面，进行排序分析，找出能够对顾客期望值产生关键影响的关键体验点，即商家与顾客的关键接触点。

第四步：分析理想体验与实际差距。针对关键接触点，要弄清楚顾客希望得到什么样的体验，他们心目中的理想体验是什么，同时分析观察店铺在这些关键接触点给顾客提供的实际体验，找出其差距。

需要注意的是，如果仅仅依靠店员本身，由于思维定式及主观偏见的影响，往往很难发现差距，也难以找出问题所在。这就需要借助第三方（管理人员、店长、老板）等进行深入观察、调研、对比，同时去对标分析研究那些业绩良好的竞争对手所能给顾客提供的关键接触点体验。

例如，就服装店而言，左右顾客体验良好的一个关键接触点是顾客试衣表示不满意且不想购买时，店员的反应，如果此时店员态度表现出不耐烦或是直接来个一百八十度大转弯，就会让顾客感觉不满意。相反，那些顾客体验良好的服装店，这个环节就做得非常到位，其店员不仅不会表现出丝毫的不快，甚至还会由于顾客的不满意而感到抱歉。

第五步：制定改善措施弥补差距。找到问题所在，下一步就是研究改进措施。如果是人的因素，就要进行针对性的培训指导，对于经培训教育后仍无法满足要求者，则应果断予以辞退；如果是其他方面的因素，则需要结合门店实际情况和能力，进行相应的完善。

第六步：将改善过程与店铺能力相结合。每家线下门店的竞争力和竞争优势各不相同，在弥补顾客体验短板的同时，应注意保持自身优势，同时要结合门店的实际能力（经济实力、人员能力）所在，有所取舍，弥补明显的体验洼地，同时强化自身的竞争优势。

第七步：构建持续改善的反馈机制。线下门店体验的改进源于一套能够自动运转的反馈改善机制，而非经营者的一时头脑发热。持续改善的反馈机制，有赖于经营者、店员、管理人员和顾客的共同努力、共同监督，并在背后形成一条利益驱动链条，去调动链条上的相关人员投身于体验、反馈、改善工作中去。

三、线上提供便利，线下提供体验

经历了各种新旧更替，大众逐渐形成了"线上提供便利、线下提供体验"的概念。似乎电商和传统零售商殊途同归，融合到了一起。然而仔细分析会发现,线上做全渠道,与线下做全渠道,虽然有着很多联系,却有显著区别。

线下零售店是一个重要的流量节点和物流节点,其单纯的链接功能会被线上电商取代,但是供应链功能和独特的体验式消费永远是电商所无法替代的,人的需求是多种多样的,线上购物是享受,线下逛街也可以是种享受,未来的零售趋势是线下体验线上购物。对于高频、标品、低价、非体验式消费需求,消费者可能会选择线上购买,而对于低频、高价、非标品、体验式的消费需求,消费者会有限选择到店消费。

谁能打通线上线下的利益链条,谁能将这两者结合得最完美,谁就可能坐在下一个风口上。

正因为线下体验店功能的无可替代,不仅电商在进军线下布局体验店,传统的线下零售商也在升级线下门店为体验店。

体验店,是一种最贴近消费者的线下终端店面,目的是让消费者亲身体验产品和相关服务。

通常的体验店主要是用来展示最新的技术、产品、服务,通过不定期的专题活动,鼓励消费者参与其中,建立沟通渠道,收集消费者的意见反馈,及时改进产品和服务。

体验店存在的价值,是进行体验营销,让消费者通过设身处地的试用和感知,从而对商家产品或服务的价值与品质,产生好感与信赖(见图12.6)。

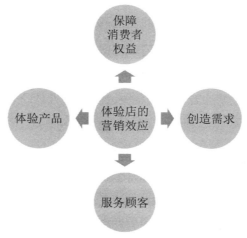

图12.6 体验店的营销效应

传统体验店，主要有两种形式：一种是"只体验不销售"的体验店，比如小米、华为等IT公司的线下体验店；另一种则是"体验兼销售"的体验店，比如各大电商平台如亚马逊、苏宁云商、当当等开设的线下体验店。

近年来，为了应对电商冲击，线下实体店开创了一种新的"生活体验店"模式，致力于打造能够让顾客身临其境的消费新模式，这样的新奇体验能够更全面地满足顾客的消费需求。

主张"不走寻常路"的服装品牌美特斯·邦威开启了"生活体验店 + 美邦App"的全新模式，这种模式如图12.7所示。

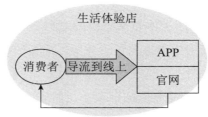

图 12.7　美特斯·邦威的"生活体验店"模式

- 生活体验店，提供高速Wi-Fi环境和香醇的咖啡，通过舒适的环境，达到将顾客留在体验店内的目的。
- 顾客可以边喝咖啡，边用移动终端登录美特斯·邦威APP浏览商品，也可在APP下单后选择送货上门，以此来实现线下向线上引导流量。
- 体验店内有时尚顾问，可以帮顾客解决服装的搭配问题，给顾客相应的搭配建议，这些时尚顾问手持平板电脑，可将搭配方案即时、直观地当面呈献给顾客。
- 顾客如果相中了时尚顾问提供的解决方案，经试穿满意后，如果懒得排队结账，可以直接在时尚顾问的平板电脑上扫描支付。

消费者的购物体验，包含理性成分和感性成分在内，相应地，实体店的店面陈设及服务也应当包含理性部分和感性部分。

- 理性部分：店面充满了货架和商品，每寸空间都充分利用起来。简单来说，就是目的性很强的销售商品，比如便利店和超市、传统的服装店等。

- 感性部分：店除了货架和商品之外，店内会营造出一些感性氛围，比如美特斯·邦威的咖啡和上网服务，这种店面特意营造出来的感性氛围，会促成很多冲动消费，再比如星巴克、优衣库和宜家等。

"几年前，服装店老板们巴不得天花板上都搭陈列架，360°全方位无死角，绝不浪费一平方米。但现在这世道完全变了，恨不得将娱乐场所统统搬到店里，所以我也挺愁的，下一步到底该怎么做。"一个开服装店的朋友告诉我，她想搞一个高端服装体验店。

生活体验店模式是传统实体商家在O2O领域的一个大胆、新颖的尝试，使得线下实体店不再局限于静态的线下体验，而是给顾客提供全方位的购物体验。

需要注意的是，生活体验店毕竟要占用店面的大量空间，也会消耗相应的资源和投入，二者之间如何找到一个平衡，是实体店经营者需要认真去考虑的一个问题。

四、致力于为顾客提供超预期体验

我们知道，如果商家提供的产品、服务，不能达到消费者的期望值，他们就会感觉到失望、痛苦，相反，如果商家提供的产品、服务，能够超出消费者期望值，就会让他们兴奋、尖叫，给他们带去超预期体验，使其欲罢不能，以致流连忘返。

前面提到了"好市多"的案例，媒体人金错刀对它的评价是："'好市多'这么多年所向披靡的最重要原因就是抓住了零售的本质：商品做到极好，价格做到极低，服务做到超预期！这样的零售商能不爆吗？电商能颠覆吗？"[1]

信誉楼百货是起家于河北一座小县城的区域性百货公司，目前已经开了

---

[1] 被雷军怒赞的Costco超市究竟是什么鬼.金错刀频道.2016年7月14日.

二十余家连锁店。

在信誉楼百货,有一套独特的"退货哲学",顾客买的商品,不论是衣服,还是鞋子,包括超市的食品、日用品,都随时可以退货。在信誉楼,甚至出现过这样的案例,有顾客花几百元买了一双鞋子,穿了一个多月还是感觉磨脚,无奈就拿回去退货,结果竟然也给退了。

我也有过这种退货的亲身经历,一次陪朋友去退一件衣服,客服人员只是简单查看一下,态度非常好,当即表示可以退款,去收银台结算的时候,临走他们竟然还送了一包抽纸。超出顾客期望值,简直让人惊喜。

"好市多"和"信誉楼"的成功之道在于为消费者提供了超预期体验,这是线下零售的本质所在,也是新零售企业核心竞争力所在。

如何才能为顾客提供超预期体验呢?

根据三角定律:顾客满意度=顾客体验-顾客期望值

若上述结果为正数,即顾客体验超过顾客期望,顾客是满意的,这个正数数值越大,顾客满意度越高,顾客的兴奋度也就越高;反之,当差值为负数时,即顾客体验低于顾客期望,数值越大,顾客满意度也越低,顾客的不满和愤怒程度也就越高;当顾客满意度数值为0时,顾客基本满意,没有失望,也没有惊喜(见图12.8)。

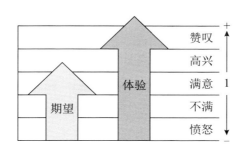

图12.8 顾客满意度的"三角定律"

基于此,提高顾客满意度无外乎三种途径。

第一,提高产品和服务质量,从而提高顾客体验值。

第二,适当降低顾客期望值,将顾客体验值控制在一个合理的范围之内。

要合理宣传，不要夸大宣传、过度承诺，以免拔高顾客期望值，当其期望得不到满足时，就会转化为深深的失望。

第三，通过提升参与度，让顾客充分参与到消费过程中，来提升顾客满意度。

另外，提供超预期服务的前提在于深度了解消费者，目的在于发现他们的诉求，发现他们的潜在需求，从某种程度上讲，找不到消费者的痛点与诉求，也就找不到营销和销售的切入点，难有成交机会。

所谓诉求，简单来讲，就是客户的需求点。在需求点基础上，才能进一步发掘自己的产品和服务能够满足消费者的哪些需求点和诉求点。

消费者需求可以分为显性需求和潜在需求。

显性需求又名基本需求，是消费者可以明确感受到并且可以表达出来的，可以进行针对性满足的需求。

举例来说，消费者饿了，商家给他们提供饮食，这就是满足了消费者的显性需求。通常，当消费者的显性需求被满足时，他们并不会有太大的反应，这种满足仅仅限于基本的生理层面。但如果这种显性需求不被满足，人们就会感觉到非常痛苦。

潜在需求指的是消费者不能准确表达的，但是存在于内心的深层次诉求，且往往有着感情化的倾向。

继续上面的案例，假设消费者饿了，某餐厅给客户提供一顿大餐。消费者饱餐后，餐厅又免费提供一杯饮品。其实不提供，消费者也说不出什么，因为餐厅提供的餐食已经解决了他们饥饿的基本需求，随之而来的口渴只是消费者的潜在需求，即使得不到满足，他们也不会抱怨。不过，当这种潜在需求一旦得到满足，就会超出消费者期望值，这样，他们就会感觉到兴奋。即使不被满足，他们也能接受，不会有明显的不适。

想要更精准地发现消费者的潜在需求，要具备一双善于发现的眼睛，关注消费者抱怨，去关心消费者不经意的细微行为模式，可参照以下步骤。

第一步：观察消费者。仔细观察你的消费者在移动互联网时代会遇到什么样的烦恼、不便和麻烦，你能怎么解决这些烦恼、不便和麻烦，怎样给他们带去更为简洁、更为便捷、更为省时、更为低价的解决方案。

第二步：融入消费者。把自己当作消费者，加入他们的群组，去倾听、去发现他们的抱怨、要求，听听他们自己所渴望的解决方案。

第三步：换位思考。把自己彻底装扮成目标消费者，去模仿他们的生活习惯，去使用、体验消费者的生活情境，以同理心去模拟他们的消费场景。就好比宝洁公司的产品研发人员会同消费者一起生活十余天，近距离观察他们的行为模式和潜在需求。

第四步：邀请参与。必要情况下，可以让消费者参与到产品、服务的配置、设计中，以凸显他们被隐藏的真实需求，然后再同产品的可行性上进行一一甄别。

第五步：做出模型。根据上述步骤得出的结论，尽快做出一个产品或服务原型来，让消费者进行小范围使用、体验，及时发现并解决问题，完善产品和服务，快速反应，赶快迭代。

第十三章
用户思维：真能站在客户角度考虑问题

一、消费权利转移，倒逼商家转变

麦肯锡公司研究发现，在 2010 年，中国 82% 的城镇人口的收入仅能满足基本生活需求，到 2020 年，这一比例将会降低至 36%。随着越来越多的中国人跻身中产阶层，拥有更多可支配收入的主流消费者将由总人群的 6% 升至 51%。

过去 30 年来，中国社会消费发展经历了三个发展阶段。

第一阶段：20 世纪 90 年代中后期，首批企业家崛起，出现第一批具有可自由支配收入的高收入群体。

第二阶段：2000—2010 年，首次出现城镇化的大规模消费，大批城市中产阶层出现，拥有更多可支配收入的群体从沿海城市蔓延至二、三线城市。

第三阶段，2010—2015 年，超级消费者时代到来。如今在中国，人人都是消费者。

如今的中国已经是一个庞大的市场，《中国的超级消费者》一书的合著者迈克尔·扎克尔认为，所有企业都要为抢占这片市场做好准备工作，即使是一些小微企业也可从中获得收益。

我们正处于迈克尔·扎克尔所描述的"超级用户时代"，这个时代驱动商家运营和营销实践的不再是公司，而是用户。

消费的权利天平已经倾斜，消费者主权时代来临。消费者主权（Consumer Paramountcy）并不是一个新概念，它最早出现于现代经济学之父亚当·斯密的《国富论》一书中，1974 年诺贝尔经济学奖得主哈耶克（Friedrich A. Hayek）曾提出"消费者主权理论"。

消费者主权理论诠释的是，市场上消费者和商家关系是一个概念，消费者通过其消费行为本身来宣示个人意愿和消费偏好，这种行为就是消费者主权。换言之，消费者带着自己的意愿和偏好去选择所需要的产品和服务，于是，消费者的这些意愿和偏好信息就通过市场传达给了商家。

消费主权时代，消费者的权利主要表现在以下几个方面（见图 13.1）。

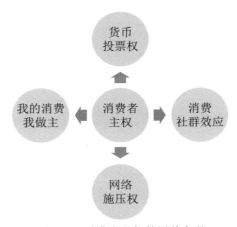

图 13.1　消费者主权的四种表现

1 我的消费我做主

在工业文明时代，消费者明明需要五颜六色的汽车，而福特公司却依然故我地只生产黑色的 T 型车；在计划经济时代，消费者明明有需求，却被限制消费；在后工业时代，消费者同样被动，每天都被灌输大量的垃圾促销信息，被各种商家"死缠烂打"，无视消费者的自主诉求。

在信息不对称时代，商家利用信息优势，无情蛮横地"绑架"了消费者的需求。

在如今的信息透明化时代，消费者拥有了充分的知情能力和自主选择权，也变得更聪明、更挑剔，他们不仅能够破解信息不对称，随意搜寻自己感兴趣的消费信息，而且还能自己制造信息，予以传播。消费市场的主导权已经从生产商、零售商、服务商转移到了消费者手中，他们强调的是"我的消费我做主"。

《中共中央关于全面深化改革若干重大问题的决定》中也将"消费者自由选择、自主消费"，作为现代市场体系的一项重要衡量标准。

2 货币投票权

消费者主权可以比喻为：消费者在市场上每花一元货币就等于拥有了一张选票，消费者喜欢某种商品或服务，愿意花钱消费，就等于向产品或服务提供商投了一票，这就是消费者的"货币投票权"。商家根据消费者的货币投票倾向，来了解消费者的消费习惯和消费动向，以此为依据，来选择适销对路的产品，来设计适合消费者偏好的服务模式。

3 消费的社群效应

以往，消费者的购买行为通常是个人行为。现在，消费者更喜欢征求自己社交圈子里的好友、同事、亲友、同行或网友，听取他们的各类消费建议。每一个消费者都能和这些素未谋面的人相互交流，形成消费社群。

社群效应带来的集群影响力，远远大于个体消费者的影响力。社交网络已经从根本上改变了人们的购物方式，因为消费者在购买产品和服务时，越来越不是一个人在单打独斗，他们背后有一群消费者，他们就是社交消费群。

4 网络施压权

过去，购买行为结束也意味着一次消费的完成，如今消费者会通过各种社交网络和沟通工具，来分享消费体验，满意时是"各种晒"，不满时则是"各种吐槽"。

这些信息，可借助各种网络新媒体工具和沟通工具的分享转发机制，迅速发酵，快速传播。尤其是一些网络大V和网红的影响力更是不容小觑，他们的转发评论能够形成二次传播效应，远远超出普通消费者的影响力。

由于消费者对消费体验的评论随时都会发生，保不准什么时候就出现一次

"黑天鹅"事件①，让商家措手不及，带来严重的舆论危机。

消费者主权时代，刚性的消费需求越来越少，越来越多的消费情景是即时出现的，消费者更多是在"凭直接""看心情"来消费。

未来，谁的零售更有趣、更好玩，谁的商品更新奇、更有特色，谁的服务更温情、体验更佳，谁就能吸引到更多的顾客，赢得竞争优势。

顾客体验，比拼的也不再是单项能力，而是关乎全维度的系统工程，包括经营、服务的所有环节，涵盖运营、管理、前台、店面、后勤服务等所有人员、所有环节，涉及线上线下等所有终端。它是一个综合的、立体的、全维度的感受与评价，顾客体验的优劣，取决于其中的"短板"而非"长板"，任何一处细微体验上的短板，都有可能招致顾客体验的全盘崩溃。

超级消费时代，消费者的地位愈加重要，零售商的营销工作应做好"完全消费者中心时代"的思想转变。

"现代营销学之父"菲利普·科特勒教授把营销的演进划分为三个阶段。

营销1.0时代，即"以产品为中心的时代"，这个时代营销更多扮演的是销售的角色，是一种说服的艺术。

营销2.0时代，即"以消费者为中心的时代"，企业致力于同消费者建立紧密连接。为此，企业不仅要为消费者提供具备完善功能的产品，同时要为消费者提供服务、情感等附加价值，充分揣摩消费心理，读懂消费者预期，让他们意识到产品的内涵，进而吸引他们购买产品。

营销3.0时代，即当今我们所经历的时代，这是一个"价值观为中心的时代"，营销者不再将消费者仅仅视为消费个体，而是把他们看作具有独立思想、心灵和精神的完整的人类个体，即超级消费者，这是一个完全消费者中心时代。传统营销中注重的"交换"与"交易"被提升成"互动"与"共鸣"，营销的价值主张从"功能与情感的差异化"被升级为"精神与价值观的相应"。

面对营销环境的诸多新形势、新变化，企业要想在激烈的市场竞争中胜出，就必须转变传统的营销观念，树立全新的营销理念，针对新形式、新需求、新

---

① 黑天鹅事件（Black swan event）是指非常难以预测且不寻常的事件，通常会引起市场连锁负面反应甚至颠覆。

环境，制定针锋相对的营销策略。把握市场，研究需求，抓住顾客痛点，重塑竞争优势，才能使企业获得长足的发展。

二、从产品思维到用户思维

"信誉楼"商场内部编写了一部小册子，名字叫《视客为友：案例选编》，其中一个名叫孙婷的营业员讲了这样一个故事：

"一天中午，一位三十多岁的男顾客来选项链。顾客不在乎多少钱，只想要一个克数大点的。根据顾客的身高，我帮顾客选了一款竹节加橄榄形50多克的项链，但是顾客为了更气派，执意想选一个克数更大一些的。我拿了一个70多克的让他对比。大克重的对于他的身材条件来说，显然过于夸张。

我就对顾客说：'男士戴黄金项链，本身就代表着气派，只要合适就行，不一定越大越好。这款50多克的就很适合您。'

顾客比了比，觉得很满意，说：'要是在别处，肯定说70多克的好看。还是信誉楼的服务更真诚，就给我拿这款50多克的吧！'顾客临走时连声向我感谢。

因为顾客对我的信任，我感觉很有成就感。"

看了这个案例，让人颇感温暖、感动。

这个小细节，表面上看，只是偶然现象，是个例，可能是碰上了服务态度较好、认真负责的员工。其实不然，我更愿意相信他们是企业文化、员工培训、价值导向、服务意识、绩效考核等多重因素综合发力的结果。

如果企业只是营业收入驱动型的，那么其员工也显然会将顾客分三六九等，对业务挑肥拣瘦。如果企业文化主张用户至上，是顾客满意驱动型的，并以此来要求、考核员工的话，那员工的行为必然会向让顾客满意的方向靠拢，而不单单是为了成交，不单单是为了说服顾客多消费。

企业所有的商业利益都是建立在用户利益至上，用户至上应上升至企业文化高度。

关于用户至上，周鸿祎在一次企业年会上，发表过自己的看法："我想讲几个 360 的关键词，今天我们面临着二次创业，没有这几个关键词是不行的：第一是用户至上，第二是创新，第三是创业精神。用户至上就是用户利益至上，用户体验至上，这是 360 公司的安身立命之本。今天，用户不想去了解你的技术是否很牛，不想知道你的公司有什么伟大的梦想和理念，他们真正在意的是，你的产品给我解决什么问题，你的产品给我创造什么价值，在互联网产品越来越同质化的时候，谁能够从用户出发，把体验做到极致，而不是简单地把功能进行罗列，最后让用户在使用你的产品的过程中，能够感受到方便、愉悦、放心，谁就可以真正地赢得用户的信任。用户至上这句话，说起来简单，做起来难。"

诚如周鸿祎所言，"用户至上这句话，说起来简单，做起来难"，企业提出"用户至上"的口号很简单，我们也确实看到有不少企业都将"用户至上"视为自己的使命和价值观，大多仅仅停留在口号层面，极少落到实处。

如何做到用户至上呢？核心在于企业从上到下的思维转变，即从产品思维到用户思维的转变。想用户之所想，挖掘用户的需求和喜好，切实做到让消费者真正满意。

1 体验的核心是人，而不是产品

新零售的体验至上同传统零售有着本质区别，更强调提供顾客需要的商品，真正解决顾客的痛点和需求，而不是单方面地将产品一股脑地推销给顾客。

这需要深度挖掘消费者的消费心理、价值观、消费能力、情感需求，并同自身的定位、产品和企业文化相符合，才能为顾客提供他们真正想要的商品、服务、消费环境和消费体验。

2 重视顾客反向倾诉，不搞自以为是的体验设置

新零售的体验对象是消费者，恋爱的时候，最忌讳的就是单相思。找顾客的需求和痛点也是如此，切忌自以为是。不要一厢情愿地认为，自己感同身受的需求就是目标顾客的痛点，在此基础上做出相应的体验改善，顾客就会认账。

事实上,任何单方面一厢情愿的服务及制度设计都不能确保一定会满足消费者要求,在提供消费体验的过程中,务必要耐心倾听来自客人的心声,了解并评估他们对产品、服务、品牌及体验的认可度甚至情感,了解消费者的痛点、关注点和需求点,来进行持续的改进提升。

3 从体验消费的价值看,消费者更注重过程与互动

越来越多的迹象表明,消费者开始从注重产品或服务本身,转移到注重接受产品或者服务的整个体验过程,开始在意自己的消费过程,以及消费过程中的互动,比如亲自体验、参与到一些商家的营销环节当中。

因此,传统商家做好新零售转型务必要把控好商家同消费者互动的环节,其中线下导购和线上客服是消费者最直接的接触者,要实现此类工作人员的角色转变和认知转变,去深入了解、探究目标消费群体的独特需求和个性化偏好,以做好销售和社交上的应对。

三、强化顾客关系管理

在过去,消费者和商家之间是一种非常松散的关系,大多情况下,消费者从商家那里完成一次消费,基本上也就意味着交易关系的结束。

这是典型的零售"交易时代"。

新零售是一个没有终点的航程,商家将产品、服务成功推销给顾客,其实并不意味着交易关系的结束,而是下一次交易的开始。

从另外一个角度讲,交易包括三个层面的含义(见图13.2)。

对于任何商家而言,都只有两种顾客:消费过的顾客和没有消费过的顾客。

不断吸引新的顾客前来消费固然重要,但是如何留住那些已经消费过的顾客,和他们建立关系,让他们持续来消费也显得更加重要。

尤其是在今天,随着获取新客户的成本越来越高,维护现有顾客的忠诚度就变得十分必要。

如今,零售业已经逐渐从"交易时代"发展到"关系时代"。

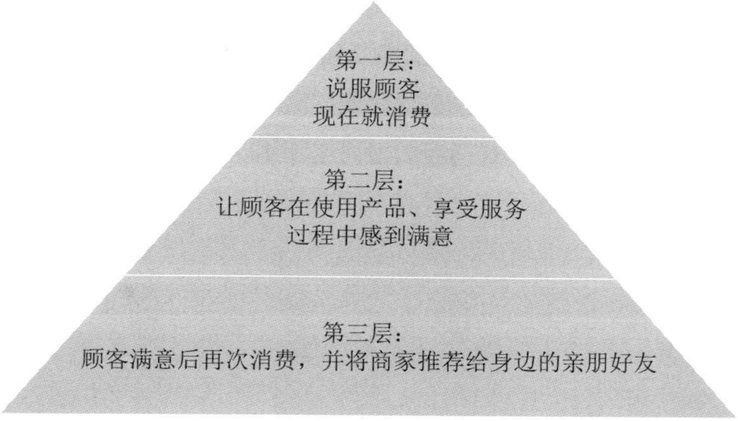

第一层：
说服顾客
现在就消费
第二层：
让顾客在使用产品、享受服务
过程中感到满意
第三层：
顾客满意后再次消费，并将商家推荐给身边的亲朋好友

图 13.2　交易的三个层次

消费者在消费的同时，商家有必要借助各种渠道和平台来同消费者建立一种长期、忠诚的关系。

目前，互联网的无边界和高度透明化颠覆了商家与消费者的地位，消费者拥有广泛的信息来源和至高无上的选择权，这决定了商家必须以用户需求为导向、用户体验为核心，重建商家与用户间的供需关系，做好顾客关系维护与管理。将给消费者创造更大的价值、带来极致的产品和服务、带来极致的消费体验，作为新零售的出发点和归宿，实现顾客关系由“弱关系”向“强关系”的转化，做好顾客关系管理。

为消费者
提供极致的
产品和服务
致力于为
消费者创造
更大的价值
为消费者
带来极致的
消费体验
强关系

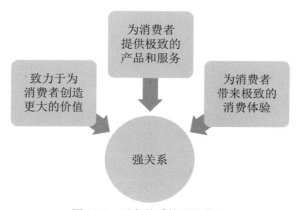

图 13.3　顾客关系的“强化”

顾客关系管理（customer relationship management，CRM），起源于20世纪90年代早期，它脱胎于西方的市场营销理论，最早由美国Gartner Group[①]在1997年正式提出，在1999年传入中国。

顾客关系管理（CRM）有三种类型（见图13.4）。

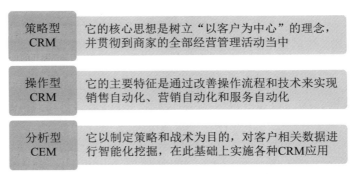

图13.4　顾客关系管理的三种类型

此处，我们重点谈一下分析型顾客关系管理。

分析型CRM的主要内涵是：通过分析顾客行为，制定相应的经营策略，以合适的价格、在合适的时间、通过合适的渠道、为合适的顾客提供合适的产品或服务，从而提升顾客的满意度和忠诚度，为商家创造更多的利润。

传统的营销模式一般都是以产品、服务为导向，而分析型CRM则是以顾客为导向（见图13.5），通过深入分析挖掘顾客行为、了解顾客需求，为顾客提供他们需要的产品和服务，从而实现以产品、服务为主导向以顾客为中心的转变。

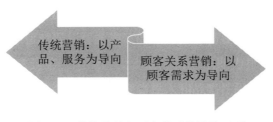

图13.5　传统营销和顾客关系营销的区别

---

① Gartner Group公司成立于1979年，是第一家专注于信息技术研究和分析的公司。

1 顾客关系营销第一步：进行顾客细分

深入了解顾客的前提是，要对顾客进行合理的归类，具体可从消费额和忠诚度两个维度对顾客进行划分（见图13.6）。

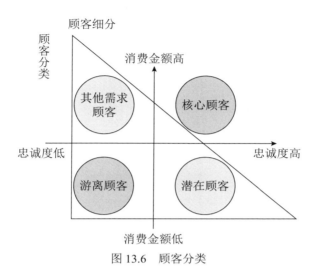

图13.6　顾客分类

对于不同类别的顾客，应该采取不同的管理应对措施（见图13.7）。

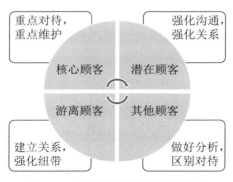

图13.7　不同类型顾客的维护策略

2 基于顾客分析的营销活动，构建"强链接"

联邦快递的创始人弗莱德·史密斯有一句名言："要想称霸市场，首先要让客户的心跟着你走,然后让客户的腰包跟着你走。"

如何打动顾客的心?要基于他们的心理和需求,提供差异化产品和差异化服务。

"孩子王"是母婴用品连锁品牌,截至 2015 年年底,在全国 60 多个城市内拥有 130 家实体门店,拥有活跃家庭会员 500 万户,"孩子王"接近 98% 的销售收入都来自会员。

完善的顾客关系管理,是"孩子王"经营策略的核心所在,帮助"孩子王"构建了实体店和会员的"强关系",甚至于"孩子王"的总部组织架构也完全围绕服务顾客而设立(见图 13.8)。

图 13.8　"孩子王"总部组织架构

在线下门店,除了店长、后勤、客服、收银以及分管品类的主管之外,"孩子王"还设有一个关键职位——育儿顾问,相当于门店的销售人员,只不过更专业,能为顾客提供专业的销售服务和育儿咨询,容易获得顾客信任,赢得销售机会。这是"孩子王"进行顾客关系管理的重要一环。

对于顾客关系的经营,"孩子王"借助一款"人客合一"的 APP,每个店员都有自己的 APP 账号,登录账号,即可看到如图 13.9 所示的信息。

基于这些信息,店员就可以进行有针对性的销售说服,例如,某个顾客长期没来消费,就可以通过 APP 给顾客发送一个优惠券,诱导其消费。

"孩子王"强化顾客关系、进行关系营销的另一大策略是密集活动。据了解,"孩子王"每家线下门店平均每天都要举办至少三场活动,一是为了销售产品,二是为了吸引新会员加入。

图 13.9　"孩子王"APP 信息功能

活动即营销,营销就会带来利润,这便是"孩子王"以"顾客关系管理"为核心的赢利模式。

第十四章
消费升级：捕捉消费者的需求变化

一、挑剔型顾客是零售商的宝贵资源

2012年的时候，老罗（罗永浩）写过一篇声讨中国航空公司的微博，他声称自己在严格按照操作流程的情况下，又花6 000元为已经购买了经济舱机票的母亲买了一张公务舱机票，然而在登机时，却遭到了机长的意外制止和恶意对待。

有些业内人士不以为然，认为老罗缺乏基本的民航常识。也有人认为，消费者花钱消费没有义务去了解什么相关领域的专业常识。

老罗则称自己的"刺头行为"是在帮助商家进步，社会也需要他这样的刺头。如果大家都委曲求全、得过且过，放弃了应该享有的权利和更好的享受，那么只会在浑浑噩噩中进行交易。

这些看法本身没有对错，只有角度。

不过将这个问题放到目前整个消费大环境下，我们会发现一些值得重视的迹象：消费者的消费习惯正在改变，他们不再逆来顺受，不再"听话"，而是变得更加理性、更加成熟，充满个性。他们对服务、尊重、权益的需求越来越高，且希望发出自己的声音，而不是对商家的一切所作所为都被动接受、无动于衷，甚至会伺机做出反击，比如老罗这样的"刺头"。

在当今日益发达的信息网络社会，所有行业的消费者都在变得"日渐挑剔"，人们会专注于自己想要购买的产品与服务，并且通过一切可能的方式变成"行家"，从而发现产品、服务的优势与不足。

无视这种趋势的零售商，会受到惩罚。面对惨淡的经营业绩，宝洁 CEO 大卫·泰勒近日公开承认错误：宝洁一直将中国视为一个发展中市场，而实际上中国已成为世界上消费者最为挑剔的市场。这种错误的认知，带来的直接后果便是消费者的大量流失。

麦肯锡咨询公司在访谈了中国 44 个城市的上万名消费者后，得出了同样的结论——中国消费者已经不再像以前那样不加选择、买到什么是什么了。换句话说，中国人在消费上越来越挑剔了。

国内消费者的挑剔集中表现在"对自己更好点"上，他们已经不再满足于普通的产品，转为追求那些能让生活变得更美好的高端产品、休闲娱乐产品、享受型产品（见图 14.1）。

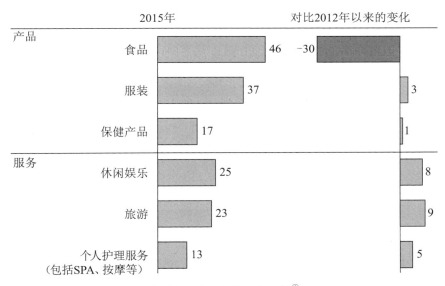

图 14.1　国内消费趋势演变 ①

顾客的挑剔只是表面现象，其背后反映的本质有三点（见图 14.2）。

挑剔的消费者给商家带来挑战，也意味着商机。如果零售商满足了挑剔消费者的需求，其他消费者就更不在话下了。

---

① 资料来源：麦肯锡 2016 年中国消费者调查报告。

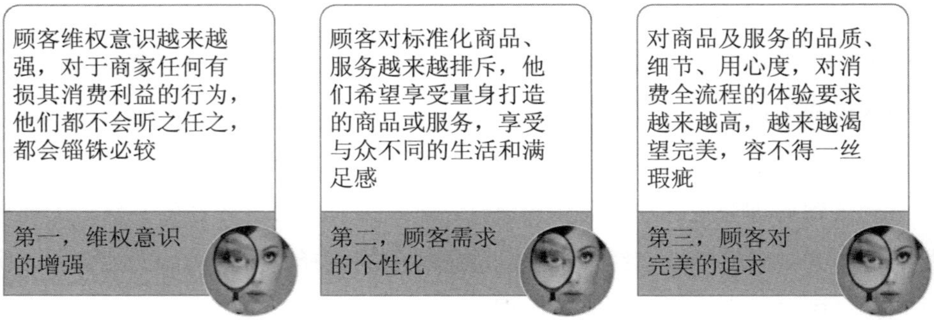

顾客维权意识越来越强，对于商家任何有损其消费利益的行为，他们都不会听之任之，都会锱铢必较	顾客对标准化商品、服务越来越排斥，他们希望享受量身打造的商品或服务，享受与众不同的生活和满足感	对商品及服务的品质、细节、用心度，对消费全流程的体验要求越来越高，越来越渴望完美，容不得一丝瑕疵
第一，维权意识的增强	第二，顾客需求的个性化	第三，顾客对完美的追求

图 14.2　顾客挑剔背后的真实诉求

传统零售的升级，要抓住挑剔需求下的增长机遇，不要陷入"价格战"或"硬碰硬"的误区，真正以消费者体验为中心，通过增值服务和超高性价比产品来为消费者创造更多价值，才能赢得无缝零售之战，实现跨越式发展。

二、决定消费者去留的究竟是什么

近期，网上屡屡爆出"顾客去吃火锅却惨遭店员用滚烫的汤水泼身"类似的惨剧。

这里且不说谁对谁错，一个最简单的评判标准，顾客去餐厅就餐，本来是去享受美食的，是追求愉快的就餐体验的，结果不仅吃得不开心，还惨遭身体上的伤害。这违背了服务行业的基本伦理，这样的餐厅不存在也罢。

同样是做火锅，你可知道人家"海底捞"是怎么做的？"海底捞"火锅的出名是伴随着他们的"变态服务"，为什么说海底捞的服务"变态"呢？因为它的周到细致出乎了人们的预料。

比如，在排队用餐的时候，顾客可以享用免费的饮料、水果、点心，甚至还可以享受免费擦皮鞋、美甲的服务；在餐桌就坐后，服务员会给顾客拿来手机套，以防弄脏手机，菜可以点半份，饮料可以免费无限制续杯，就连上洗手间都会有专人服务，递洗手液、纸巾……

"海底捞"的"变态服务"有着深远的历史传承。

张勇是"海底捞"的创始人，早在1994年，还在四川拖拉机厂当电焊工的张勇，就利用业余时间，在父母的帮助下，在老家简阳县城创业做起了餐饮业。说是做餐饮，其实很简单，就是卖麻辣烫，开张时仅有四张桌子。

黄铁鹰老师在《海底捞你学不会》一书中透露了这样一个细节：

"半年下来，一毛钱一串的麻辣烫让张勇赚了第一桶金——一万元钱。一个年轻人捡一万元，或者父母给一万元，同卖20万串麻辣烫挣的一万元，是不同的。前一个一万元是洪水，会一下把小苗冲走；后一个一万元是春雨，春雨润物细无声。

卖了20万串麻辣烫的张勇悟出来两个字——服务。"

张勇对服务的理解和运用确实比同行要深刻得多，后来他回忆说："我不会熬汤，不会炒料，连毛肚是什么都不知道。店址选得也不好，想要生存只有态度好！客人要什么，快一点；客人有什么不满意，多陪点笑脸。刚开的时候，不知道窍门，经常做错。为了让人家满意，送的比卖的还多。结果客人虽说我的东西不好吃，却还愿意来。"

从大量的服务实战中，张勇还悟出了一条准则：如果客人觉得吃得开心，就会夸你的味道好；如果觉得你冷淡，就会说难吃。服务会影响顾客的味觉！

简直是至理名言！这句话我觉得每个餐饮从业者乃至服务行业的从业者，都应该背下来，牢记在心。

顾客去餐厅消费也好，去逛商场也好，去KTV唱歌也好，其实能够左右他们心情和满意度的，更主要还是人为的因素，是服务的因素，而不是物质的因素、硬件的因素、产品的因素。

这一点一定要掌握好。

新零售时代，消费者可选择的产品和服务越来越多，对产品和服务的要求也越来越高，越来越挑剔，零售商应设法去满足他们的各种更高、更挑剔的需求，而不是在相反的方向上面火上浇油，挑战他们的底线。

表 14.1 顾客流失的原因及比率

顾客流失的原因	所占百分比（%）
死亡	1
搬离	3
喜好自然改变	4
朋友推荐选择了别的产品和服务	5
别的产品和服务更便宜	9
对产品不满意	10
对服务不满意，感觉对自己冷漠	68

通过表 14.1 统计数据也可以看出，顾客之所以流失主要是因为他们对服务的不满，这值得实体店经营者警惕。

在消费者主权时代，无论是产品销售还是服务提供，无论零售商还是服务商都必须以消费者为核心，尊重消费者的自主意愿和权利，否则关店危机将不再是危言耸听。

消费者主权时代我们可以做些什么呢？

第一，不要试图去"教育消费者"，消费者讨厌被说服和教育，正确的做法应当是，研究顾客需求，揣摩他们的心理，设法去满足。

第二，哪里有痛点，哪里就有商机。要去观察并设身处地去体会顾客的痛苦、不适、紧急、窘迫、难受，顾客的这些痛点，就是商家的机会。

第三，把产品和服务做到极致，剩下的选择权交给消费者，不要试图服务好所有人，圈好自己的目标顾客群即可。

第四，对消费者保持足够的敬畏之心。商家很难做到让每一个消费者每一次消费都很满意，但要避免由于自己的"傲慢、粗鲁、无理、过失"而得罪顾客，要绝对避免得罪正常顾客后的无动于衷。须知，在消费者主权时代，任何一个被冷落、被羞辱、被激怒的消费者都有可能借助移动互联的力量，推波助澜，重创商家。未来，将有越来越多的商家会因为自己的"傲慢无礼"而付出惨重代价的。

第五，努力为产品和服务保鲜。当今，消费者无意识的喜新厌旧已经到了空前的程度，商家如果不革新，不与时俱进，必定要被消费者冷落，乃至遗忘。

三、新零售就是为顾客解决问题

新零售是一种生意，做生意要获利，首先要让顾客获益，为他们解决问题，给他们创造价值，这样自己的财富和收益才会自然而然，水到渠成。

消费者有需求，只要你能满足消费者需求，你就能获得成功。在这个满足需求的过程中会出现很多新的问题，比如环境问题、污染问题、医疗问题、教育问题、贫富差距问题、老龄化问题、留守儿童问题，这些问题的背后是机会，你能解决这些问题，能够成功满足某类人群的某种需求，你的生意也就成功了。

"我看到的所有创业者成功，其实都或多或少解决了社会上某个问题，提升了价值。我相信任何一个创业者创建自己公司的时候，都应该想想你是在解决这个社会的什么问题，你的商业模式、你的公司在创业中是否有很多很好的主意。

有很多创业者跟我聊天，讲得眉飞色舞，特别兴奋，讲到最后我就问他一件事情：

你这个看似很完美的模式，解决了什么社会问题？

能给社会带来什么价值？

或者说你能够为你的用户带来什么价值？

能够为你行业带来什么价值？

如果带来不了的话，迄今为止我还没看到任何一个创业者能够把公司做成功。大家再看下京东做所有业务就是这个逻辑，都必须是在某个行业、某个细分领域发现了问题，问题就是机会。"

这是刘强东的解读，对新时期的零售业来说，问题即机会，定位一定要带有"问题思维"。

1998年，刘强东带着12 000元积蓄，到中关村租了一个四平方米的柜台。

那时候中关村几乎所有的商家做生意都是一个模式，老板对员工的培训基本都是如何去欺骗顾客，刘强东觉得这肯定是不对的，终究有一天这种混乱的情况会改变。

刘强东在开柜台的第一天，就实行所有商品明码标价，所有商品都开正规发票，这在中关村市场是开天辟地头一回。

在他的柜台上，不接受顾客讨价还价，因为所有的商品都是正品行货，所有的商品都可以开具发票，给予质保。

在那个年代，刘强东的做法与整个市场格格不入，因为整个中关村做生意基本都是要想尽一切办法，如何把一块钱的东西当两块钱卖出去，三块钱卖成六块钱，甚至通过变相欺骗的方式。

这种欺骗发展下去，顾客就失去了对商家的信任，总是带着警惕和防骗的心理去消费，这给消费者带来了障碍，也无形中增加了商家的成本。

这就是问题！谁能把这个问题解决，谁能满足顾客的真实需求，谁能消除顾客的顾虑，谁就可以取得成功，非常简单。

刘强东解决了这个问题，很快脱颖而出了。

当这种理念坚持到第六年的时候，刘强东的摊子做大了，从当初一个几平方米的小柜台，发展到2003年，已经在国内拥有了12个店面，在北京有3个店，而且每个店的营业额都非常高。

"如果你让我说创业，我想说，创业要想取得成功，关键就一句话：只要你能够解决一个问题，那么你的项目就一定会成功。"

这是刘强东在哈佛中国论坛上就创业话题所做的总结。

怎样去解决问题呢？首先要明白问题在哪里，明白顾客的需求在哪里。当然要能够准确的回答这个问题，不是一件简单的事。因为它不是一个孤立的问题，而是很多问题的一个集合。

- 你的潜在顾客群是谁？
- 他们都有怎样的特征（性别、年龄、收入、教育背景、居住地区、兴趣、婚姻等）？
- 你可以在哪里找到他们？
- 他们有哪些共同的问题？
- 你帮他们解决的又是其中哪些问题？
- 你如何确定这些问题实际存在？

- 这些问题有多么困扰着他们？
- 他们愿意付钱解决这个困扰吗？
- 在没有你的产品/服务之前，他们都如何解决这个问题的？
- 原本的解决方案的优点是什么？缺点又是什么？
- 人们都花多少钱在这些原本的解决方案上？
- 你知道什么事情是原本那些解决方案提供者所不知道的？
- 为什么原本的解决方案提供者不知道这些事情？
- 为什么原本的解决方案提供者不修正他们的缺点？
- 这个问题是因为使用了某个产品/服务而造成的吗？
- 这个产品/服务的生命周期如何？
- 能够等待/支撑你的解决方案吗？

只要不断地质问自己这些核心的问题，你的经营模式就会越来越清晰。

不过，这些问题不是凭空想象出来的，它是建立在对顾客真正理解基础之上的。要真正对顾客理解，有的时候不能凭自己的想法，需要真正走近顾客，去满足他们内心真实的小微化、个性化需求，从而为其提供超出预期的体验。

未来新零售商的角色，更多是扮演消费解决方案提供者。

四、与时俱进，满足顾客新需求

7-11之父铃木敏文说过，一切都要站在顾客的角度去思考，这才是做生意的根本原则。无论企业的规模有多大，线上线下渠道有多少，经营者都要对每一个渠道、每一个门店的生意，每一种产品的详细动态了如指掌，要认真对待每一位顾客。

买方市场时代，一切都要以顾客之便为先，即使卖方觉得很麻烦，也必须首先满足顾客的需求。

今天，零售业最大的竞争对手并非同行，也不是线上和线下的你死我活，而是不断变化的顾客需求。通过降价来吸引眼球的促销方式可能会快速提高销售额，但它并非长久之计，也非良性发展之策。根本的解决之道是，零售商必须紧紧抓住,并深度挖掘顾客本质性的需求,以及这种需求的变化趋势。

坚持消费导向,从顾客的需求出发已成行业共识,顾客的超预期体验无不是建立在新需求被满足基础之上的。

但顾客的需求是什么?怎么发现、跟踪、把握顾客不断变化的新需求?显然,发现是满足需求的前提,这一点或成为实体店的核心能力。

1 通过数据分析提炼顾客需求

可通过 Wi-Fi、室内定位、Lbs 技术以及 ERP、CRM 系统等技术手段抓取大数据,并通过计算、分析顾客的进店频率、逗留时间、喜爱的品牌、业态、消费金额、消费偏好等数据,为尽可能多的顾客打上"数字化标签",从中发现顾客需求。

这是商家发现顾客需求的有效手段,但也有一定的局限性,适合规模大、集团化运作、实力强的线下商业机构,不太适合中小实体店和个体商户。

2 通过顾客交流总结需求

对于顾客,尤其是回头客、VIP 会员等,应在日常接触中给予更多的关注,在日常沟通聊天中要积极去获取顾客的各种信息,比通过问卷调查获得的信息可能更丰富也更真实有效。

据了解,伊藤洋华堂商场,甚至会掌握一些重点顾客家里冰箱里有些什么菜、能吃多长时间、平时喜欢吃什么品牌的米、什么时候需要买米等信息,这是长期关注顾客、搜集数据的结果,也是用心经营的体验。

除了大数据方法,线下零售店经营者如果能够亲自努力搜集顾客心理,并发动一线店员去重视顾客信息的搜集,那么,就不难获得包括顾客姓名、年龄、职业、职务、住址、喜好、家庭人口、收入状况甚至是口味偏好、饮食禁忌等许多信息,如果把这些信息录入系统、适时更新,就会精准抓住顾客需求,如果能很好地对这些信息加以利用,就有利于商家的信息推送、员工的连带推荐,当然也有利于实体店更好地进行精准布局、精准调整、精准营销和精准服务。

3 通过顾客的吐槽、抱怨来识别需求

2015年6月，国内一家名为"同程旅游"的公司却推出一则招募"首席吐槽官"的活动，吸引了社会的广泛关注，该活动的口号为：动动嘴皮子，找找吐槽点，提提小建议，出去旅旅游，就能轻松赚百万。

消息一出，很多热爱旅行的社会人士，包括一些大学应届生对这个前所未有的岗位都跃跃欲试。

对这一活动，同程旅游创始人、CEO吴志祥有自己的盘算，在他看来，"国内所有的在线旅游企业，烧钱势头无论多么猛烈，首先需要把口碑做出来"，虽然同程旅游有内部自检系统，能够从出口把握产品、服务的质量，但仅仅这些还远远不够。吴志祥说："让用户来告诉我们哪些做得不够好，哪些地方还需要改进。"

"同程旅游"首席吐槽官的海选工作为期四个月，每个月公司都会从当月20名"月度吐槽王"中筛选出一人来担任见习"首席吐槽官"，筛选的标准有两个：第一是吐槽数量最多；第二是吐槽质量最高。

见习"首席吐槽官"的月薪为5万元，任期1个月，最终的"首席吐槽官"将从他们中间择优录取，获得正式任命的"首席吐槽官"的年薪为100万元，聘用期限为1年，会签订正式的劳动合同。

2015年6月第一名被选中的见习"首席吐槽官"，网名为"李槽点点"，本名李家浩，是青岛农业大学的一名在校大学生，也是酷爱旅游的旅游达人。

"同程旅游"首席吐槽管的公开职责包括：

（1）广泛搜集客户的投诉、抱怨、找碴及各种问题反馈。

（2）基于客户的反映，发现问题关键，并提出切实可行的应对措施和解决方案。

（3）深入每一条问题旅游线路，亲自上路，体验旅行途中的优点和不足，包括风光好不好、活动精不精彩、导游贴不贴心、酒店好不好住、东西好不好吃、钱花得值不值等各种问题。以一个普通旅行者的身份，发现问题，从而更好地解决问题。

（4）带领吐槽团队，认真接收客户的反馈，查找槽点，并将最终解决方案切实有效地执行出来。

首席吐槽官的设立，是企业、商家用户思维的最佳表现，是基于对自身服务品质的高要求而设立的一个特殊职能岗位，是在"千金买骂"，希望通过那些使用过企业产品、服务的客户的抱怨、找碴、吐苦水，鸡蛋里挑骨头，监督和督促企业发现产品设计、性价比上的不足，发觉客户服务、用户体验上的痛点，进而予以全方位提升，给用户带去更佳的消费体验。

"同程旅游"发掘用户痛点、发现用户新需求的办法，值得零售商借鉴。

第十五章
场景优化：线下零售体验升级的入口

一、线下门店环境创新的三个维度

线下门店构建的体验式消费场景，不是简单的硬件叠加，而是"硬件+气氛+人与人的互动"的综合系统，所有这些元素加在一起才能构成一个完整的体验场景，否则就只是一个冷冰冰的装修而已。

Hamleys玩具店是一家来自英国的百年老店，它在店铺场景化营销上，给国内的实体店上了生动的一课。

Hamleys南京店是这家英国百年老店全球单体面积最大的场景式玩具体验销售中心，在这里，每天上午，品牌形象"哈姆熊"都会从光顾的小顾客中挑选一位幸运的小朋友，作为店铺开门倒计时的摇铃师。

"Hamleys开门！"伴随稚嫩的童音，店面大门会徐徐打开。随之，一个充满魔幻风格的儿童玩具乐园就向孩子们开启了大门，张开了怀抱。

这样的开店仪式，每天都在进行，附近的小朋友们则是永不厌倦地积极参与，给商家带去了庞大的客流和强大的转化动力。

在Hamleys卖场内，小顾客们仿佛并不是前来选购玩具，而是进入了一个大大的游乐场，可以在不同主题的玩具场景中获得不同的体验。这里的玩具，不再是像传统玩具店那样摆在货架上供顾客挑选，而是按照不同的场景进行布置、排列，每一款玩具都被尽可能地做动态化展示，场景周边则搭建有玩具展示台和游戏台，每一款玩具都尽可能动态化展示。

在Hamleys，孩子们首先是尽情地玩耍，尽情地体验，而不只是简单地买买买。射击、遥控车、AR 体验等 20 多个娱乐场景，几乎覆盖了不同年龄段的所有孩子，犹如一个小型的儿童乐园。

Hamleys 不仅擅长场景和气氛的烘托，还注重同顾客的紧密互动，会针对顾客需求，比如孩子的性格、喜好等，提供特有的主题派对定制服务。

在店面场景体验上的用心投入，能在多大程度上获得回报呢？据 Hamleys 南京店体验经理刘佳表示："我们的销售数据显示，不做示范和体验的自营商品跟做示范和体验的自营商品之间的销售差距有 100 倍！而这几年，Hamleys 更发现，通过给予顾客体验带来的销售在总销售额占比上逐年在增加。"

可见，"场景化"体验不论是从理念上，还是实际经营效果上，都在逐渐颠覆、取代传统零售卖场，在倒逼线下实体店向体验型商业转型。

这种趋势下，我们看到某些线下商家，为了增强顾客体验，正在尝试进行各种各样的场景变革，比如，在某商场的有机市集，消费者可以现场体验传统石磨磨豆浆的乐趣，可以学习日式寿司的制作方式；再比如，某家装潢风格古色古香的前卫书店，顾客除了可以看书买书，还可以欣赏舒缓的背景音乐，可以听各种论坛、演讲等。

客观地讲，本土商家的场景化营销还有很长的路要走，并不只是让消费者在店里听段音乐、磨个豆浆那么简单。要真正致力于从"硬件＋气氛＋人与人的互动"等维度上进行全方位精进。

1 硬件配置

硬件配置、设计，是体验式场景打造的基础性工作。要从顾客需求、喜好的角度，而不仅仅是从商家、销售的角度去配置营销场景，是商家体验营销工作思路转变的重中之重。

2 气氛烘托

仅仅具备良好的硬件配置，还远远不足，如果不能有效烘托出让顾客流连忘返的店面氛围，同样难以留住顾客，会给人一种"无感情、冷冰冰"的感觉，让顾客敬而远之。比如，在竞争激烈的线下家居行业，宜家的质量不一定是最好的,价格也不一定是最低的,但它却将场景化营销做到了极致。宜家卖场通过对生活空间、创意设计、产品故事的巧妙运用,营造了一种独特的销售氛围,对顾客有着强烈的吸引力。

3 人与人的互动

相对硬件配置和气氛烘托,人与人的互动是更高层面的场景营造元素。所谓的互动,就是商家同顾客双方互相的动起来。在互动营销中,互动的双方一方是消费者,另一方是商家。只有抓住共同利益点,找到巧妙的沟通时机和方法才能将双方紧密地结合起来。互动营销尤其强调的是,双方都要采取一种共同的行为。

二、新零售的场景思维

戏剧、电影中的场面被称为场景,互联网时代,场景思维成了越来越多线下零售店经营者、营销人员、店员所必备的一种思维模式。

所谓场景,通俗地讲就是——某人在什么时间、在什么地方,做了什么事情(见图15.1)。

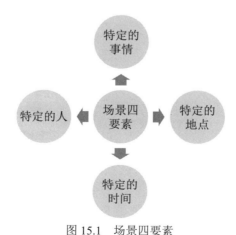

图 15.1 场景四要素

场景无处不在,特定的人物、特定的时间、特定的地点之间存在特定的场景关系,这种场景延伸到商业领域便会引发不同的消费细分市场。

场景思维,能够帮助门店相关人员(经营者、营销人员、店员)在没有足够数据支持的情况下,通过想象的方式,去构建消费场景,去研究相应场景中的消费者,看他们想要做什么?需要什么?他们有什么痛苦与麻烦?什么样的产品或服务才是他们需要的?他们为什么不使用我们的产品或服务?

在移动互联网时代,场景是真实的以人为中心的体验细节。场景依赖于人,没有人的意识和动作就不存在场景。通过对场景的因素思考,可以帮助商家更好地理解消费者的真实痛点和需求。

通过充分理解顾客消费场景,并以此为基础,就可以基于顾客的使用场景,为顾客找到更直观的解决方案,提供有效的互动,使他们能够流畅地完成预期目标(见图15.2)。

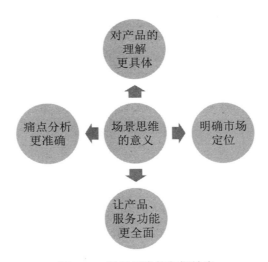

图 15.2　场景思维的积极效应

场景思维,让人豁然开朗,明白什么更重要,什么应该最优先去解决。

移动互联网把人的存在感提到空前高度,各种便携式智能设备把人们的时间切割成无数碎片,消费者不再局限于 PC 互联网时代的 PC 端鼠标点击。商家的信息渗透变得无处不在,消费行为变得更加移动分散,更加去中心化,随之出现了无限多的消费场景。在移动互联网构筑的虚拟世界里,使任何一个生活场景（无论现实、虚拟）都有可能转化为实际消费——市场开始由传统的价格导向转为场景导向。

借助场景化思维，体验营销要思考的问题是——如何在快节奏、碎片化的消费环境中，保持消费者对自身产品和服务的印象与记忆。

场景思维能够让商家在多变且个性化的消费者场中，摆脱移动互联网时代的焦虑与挑战，通过占据场景、利用场景，提升顾客体验，赢取未来。

任何一个成功的商业应用、商业推广都是为场景设计，为体验存在，它可以精练到只有一个界面，但是必须解决以下四个问题。

第一，谁？

第二，在哪里？

第三，要干什么和有什么好处？

第四，如何促进传播？

以此为据，去思考场景化的需求，才能争取到营销的价值，即用户是谁，他在什么环境下，你提供什么，让他得到怎样的好处，形成怎样的口碑。

事实上，用场景化思维去思考消费者痛点，会发现消费者未被开发的场景和痛点（需求）比比皆是，比如从起床到出门、从出行到单位、从午休到用餐、从下班后的社交娱乐，再到家庭活动等每一个消费场景，都足以产生一个时间和空间足够宽广的商业需求。

三、打造多重感官的消费体验

"好的商场一定能让顾客发出'啊'的惊叹！"这是伊藤洋华堂中国区总代表三枝富博的观点。

然而在品牌同质化和电商的双重冲击下，实体商业要想让顾客发出"啊"的惊叹，让顾客流连忘返，绝对不是一件容易的事。

除去商品、服务本身的新奇体验外，如今门店氛围、店员的个性化贴心服务、读懂顾客需求等因素，都能让顾客流连忘返，这些元素背后蕴藏着实体零售的新机会。

1 营造独特的门店气质

门店气质,是由门店装潢、门店氛围营造出来的,通过精心设计,可以为顾客创造出一个亲切、和谐、鲜明、舒适的消费环境。

门店氛围和气质的打造,要考虑"适时、适品、适所、适人"等要求(见图15.3)。

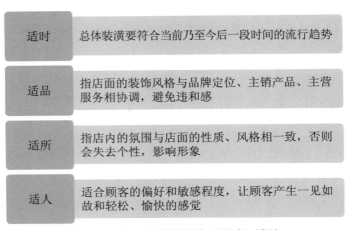

图15.3 门店氛围营造的"四适"原则

2 读懂顾客需求

伊藤洋华堂刚刚入驻成都时,为了解中国消费者的需求,三枝富博和下属专门去市民家里看过他们的冰箱和柜子,甚至下手去翻看他们的垃圾。开店后,伊藤洋华堂有了更直接的方式,他们会直接询问消费者的不满之处,搜集顾客反馈,根据他们对停车场、商品、服务的反馈迅速做出调整,改善顾客体验。

一名华堂员工这样说:"很多顾客也说不清到底喜欢伊藤哪里?反正就是喜欢。"其实,顾客喜欢的是伊藤洋华堂真的"懂"他们。

伊藤洋华堂为了满足顾客的个性化需求,对顾客的消费类型进行了划分(见图15.4)。

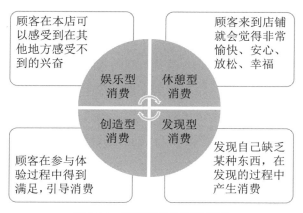

图 15.4　顾客消费的四种类型

当然,所处行业不同,顾客的需求也不同。比如,有一家餐饮店,是这样解读顾客的:"顾客是我们的'衣食父母',是我们的财神。餐饮业的顾客往往具有某些领导的特征,喜欢使唤别人,从一定意义上讲,顾客到餐厅就餐,其实是来过'领导瘾'的。因此,在餐饮服务中,我们必须像对待领导一样对待顾客。"

只要用心,就一定能读懂顾客。

3 同顾客的喜好、情感结合起来

将门店的经营元素和顾客的爱好巧妙结合起来,比如提供让顾客喜欢的图书、音乐、手工等,让顾客陶醉其中,难以自拔,自然能够让顾客喜欢上小店,流连忘返。

同样的连接,还有情感。如果线下门店提供的产品和服务在顾客的情感经历中留下印记,显然会给他们的人生经历留下浓重的一笔,会给他们留下最美的回忆和深深的好感。比如,顾客和初恋情人的第一次购物、第一次看电影、第一次听音乐会、第一次用餐等。

四、借助场景营销优化顾客体验

场景,原本是一个影视术语,是指在特定时间和空间内展开的行动,或由复杂的人物关系构成的具体画面，是通过行动或人物来表现剧情的一个个特定过程。从影视角度看，一个个完整的故事情节正是由无数个场景所构成的。

当场景被应用在线下商业业态的营销概念中时，就具有了明显的导向性。

所谓场景营销，就是在线下零售店交易过程中，商家以情景为背景，以服务为舞台，以商品为道具，通过环境、氛围、场景的营造，使顾客在消费体验中，通过口、耳、鼻、眼、心等全方位、立体式触觉，来感受到商家所制造的"情感共振"式体验，通过独特的场景来打动顾客的消费欲望，激发顾客的共鸣，进而达成交易。

直白来说，新零售的场景营销就是以场景来触发顾客的购买欲望。

场景营销属于体验式营销的细化和深入，在越来越多的消费情境下，仅仅产品本身的体验已经不足以令顾客做出购买决策，这时就需要为顾客构造一个恰当的场景，通过场景营造的氛围，来触动顾客的心弦，建立情感上的共鸣，成交也就成了顺理成章的事情。

比如，消费者去某个家居商场，看到单品家居散乱地分布在卖场内，很可能就没有深入了解的欲望，更谈不上付诸购买行动。而当消费者光临宜家家居的体验馆时，看到沙发、靠枕、茶几、杯盏等产品被家居设计师以巧妙的组合装饰成一间模拟客厅的真实场景，就会产生一种身临其境的感觉，感觉原本散乱的家居产品经过了设计师的搭配，就像是施了魔法一般漂亮，迫切想要拥有，想要在自己家中来复制，那么购买的欲望就会产生。这就是商家给消费者构建了一个场景，通过这个场景来触发消费者的购买欲。

菲利普·科特勒说，营销是创造和满足需求。那么场景营销就是构建一个情景，来触发消费者的需求并满足他。这个需求可能是刚性需求，也可能是柔性需求。场景可能是现实场景，也可能是虚拟场景，或者是混合场景。

从更广义的视角来讲，营销就是要"在对的时间、对的地点，为消费者提供对的信息"，这称得上是场景化营销最根本的出发点。线下场景化营销的核心特点是互动性强、应时、应景、不生硬，且能给顾客带来惊喜，而基于场景为消费者带来实际价值的营销才是双赢的营销。

场景营销，迥异于传统营销，表现在以下两个方面。

1 营销侧重点不同

传统营销的重点放在了产品、服务本身的特色与利益点上,通过对产品、服务本身的卖点进行渲染,从理性层面来说服顾客,达成交易,进而实现获利的目的。

体验式场景营销的立足点在于顾客的体验需求上,通过情景设计、事件策划以及体验活动的安排,从感性层面对顾客施加潜移默化的影响,促成交易。

2 对顾客的假设不同

传统营销假设目标消费者都是理性的,他们的购买决策是理性的,消费过程通常是由需求认知、寻求信息、评价各种产品、选择、购买与消费等几个阶段所组成的。而场景式体验营销则认为目标消费者既是理性的,又是感性的,消费者是在理性和感性因素的综合作用下而做出消费决策的。

在场景式体验营销中,消费者既接受某种特定场景体验,又参与实施到体验中去,在这个过程中真正地体现出了顾客导向的理念,除此之外,场景式营销还表现出如下特性。

(1)随时性。在很多现实消费场景中,消费者多是不带有目的性的,完全是因为看到了某个场景,激起了购买的欲望,这就是场景式营销的随时性,完全出乎意料,随时随地都可能发生。

(2)不相关性。举一个简单的例子,两个好朋友在商场中边逛边闲聊,两人无意中聊起近来的雾霾状况,无意中激发了对空气净化器、防霾口罩等产品的需求。类似这种从天气聊到需求,聊到具体的商品,再到产生消费需求,同商家之间几乎没有任何关联,而纯粹是因为朋友这个人起了推动作用,这种场景式购买就体现了不相关性。

(3)多样性。个性化消费时代的来临,再加上物以类聚、人以群分的群体特征,商家需要针对特定群体、特定需求进行对应的场景设计,这使场景式营销变得更为多样化和立体化。

第十六章
智慧零售：提供酷炫的消费体验

一、智慧零售：借助物联网技术提升门店体验

智慧零售的核心在于借助互联网、互联网技术和各种黑科技，来感知消费需求、预测消费趋势、指导上游生产，致力于为消费者提供多样性、个性化的产品和服务，为消费者提供酷炫的消费体现，实现新零售升级。

先谈一下新零售物联网技术。物联网，最早叫"传感网"，1999年在美国被提出，它是指通过射频识别（RFID）、红外感应器、全球定位系统、激光扫描器等信息传感设备，按约定的协议，把任何物品与互联网相连接，实现信息交换和通信，做到智能化识别、定位、跟踪、监控和管理的一种网络概念（见图16.1）。

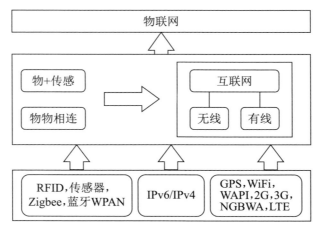

图16.1　物联网示意图

物联网，简单来说就是物物相连的互联网，它包含两层含义（见图16.2）。

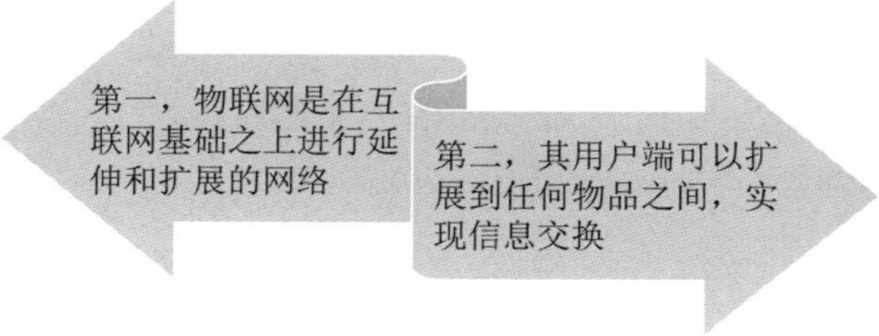
第一，物联网是在互联网基础之上进行延伸和扩展的网络
第二，其用户端可以扩展到任何物品之间，实现信息交换

图 16.2　物联网的两层含义

物联网可以视为互联网的拓展与应用，这种应用以增强用户体验为核心。

物联网技术的发展，使线下实体商业有机会做到实时跟踪存货和顾客的特性，改善用户体验，提高运营效率，从而强化竞争优势。

“当你推着满满一车东西走出超市大门，不会再看到收银员，因为通过收银系统时，RFID（射频识别）读取器在瞬间识别出所有商品的数量和价格，银行转账系统据此从你的账户上划出了相应的金额。这将免除排长队的困扰，节约大量时间。”这是山东省标准化研究院物流与自动识别技术实验室副主任苏冠群，对物联网技术在零售业运用的场景展望。

物联网技术在实体商业的运用架构可分为四个层次（见图 16.3）。

应用层
云端层
网络层
设备层

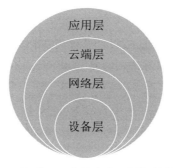

图 16.3　物联网＋实体商业运用架构的层次

先由设备层负责搜集信息，通过网络层将信息传输至云端，云端将信息进

行汇总分析，得出精确结论，并借以执行改善措施，最后由应用层负责落实。

借助物联网技术，线下实体商业可以找回自己的独特价值，英特尔公司高级副总裁兼物联网事业部总经理戴 Doug Davis 表示："用不了多久，实体零售就会像电子商务一样便利。不同的是，实体店可以提供个性化、沉浸式的购物体验——这是在线上平台所不能比拟的。"

物联网对实体商业的提升主要体现在以下几个方面。

1 优化顾客体验

首先，商家通过扫描商品的 RFID 标签，可以了解到很多关于消费者的商业信息：购物习惯、消费时段、消费金额等，进而对顾客进行一对一的有针对性服务。

其次，智能设备的使用，让顾客体验得到进一步提升。比如服装店智能穿衣镜，顾客无须来回试穿衣服，即可展现出各种服装搭配的效果，体验更魔幻。

最后，线下门店可以通过智能互动数据，来调整店内设施布局，优化顾客体验。比如，德国奢侈男装品牌 Hugo Boss（雨果·博斯）就已尝试在其服装店里安装热传感器来追踪客户的走动，以此帮助店长将其高端商品摆放在客流密集的区域，使顾客更容易找到。

2 提高运营效率

通过智能云端信息的共享，零售商的仓储部门可以在第一时间获知商店货架的"空架"情况，提醒店员及时补货。

智能支付扫码技术，可以提高收银效率，减少收银员的人力成本支出。

3 降低运营成本

除了能够有效降低人力成本外，基于物联网的传感器能够让店铺相关人员实时监控照明和温度控制，随时进行调整设置，一来，可以提高客户的舒适度；二来，也可以更加节约有效地利用能源，降低开支。

4 止损防盗

通过智能传感器，能够及时感知店内的温度变化和盗窃等情况，据此，就可以有效降低店内生鲜商品由于温度不正常而带来的损耗，在第一时间获知盗窃信息，更有效地进行止损防盗。

二、智慧零售：借助互联网技术提升门店体验

互联网技术最重要的两个特征是连接和交互，就是以顾客为中心，连接顾客，与顾客进行交互。

由于互联网技术的发展，顾客的消费习惯和反馈更容易掌握。如今，线下零售店借助互联网技术，可以将顾客连接和交互做得更充分，将顾客体验做得更惊艳。

"不怕竞争，就怕不公平竞争。"北京超市发连锁超市公司总裁李燕川说："不了解互联网时，心里打鼓。但等到熟悉了、会用了，线下企业反而欢迎竞争。现在的主要矛盾不是竞争，而是线上和线下在某种程度上处于不公平竞争，不利于线下零售业的平稳转型。"

线下零售商有必要学习利用互联网等新技术，来实现经营方式的跨越。一旦掌握了互联网技术，线下商家将在消费体验、价格、售后等方面展现优势，完全有能力同电商相提并论。

事实上，互联网技术正在深入渗透和应用于线下实体店的各个角落，大数据、Wi-Fi、电子标签、智能货架、自动收银、自动打包、移动互联、线上APP等技术正在推动线下实体商业的技术革新。

未来，线下门店的终极模式，就是要借助互联网、移动互联网技术，将其逐渐升级成"实体+智能"于一体的"数字店铺"，最终实现线上线下的全渠道O2O商业模式。

比如，在店面的适当位置，添加可以无缝链接物联网的数字货架、智能电视、数字橱窗，点击即可播放产品、服务使用示范和品牌宣传，并借助免费Wi-Fi

和会员接入等，通过移动手机客户端APP、网店、微店，以及微信、陌陌等社交媒体平台，实现线上线下对顾客全天候"随时、随地、随心"的无缝链接，实现门店"六化"（见图16.4）。

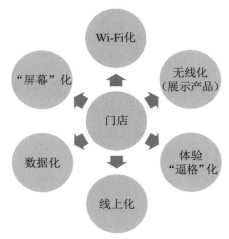

图16.4　门店互联网"六化"

除此之外，还有一些新技术会深刻影响到线下零售的未来（见图16.5）。

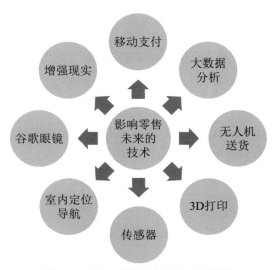

图16.5　影响零售未来的八大新技术

三、智慧零售：借助黑科技提升门店体验

日本动漫《全金属狂潮》中提出一个新概念——黑科技，原是指远超越现今人类科技或知识所能及的范畴，缺乏目前科学根据并且违反自然原理的科学技术或者产品。

在国内，黑科技被引申为高科技泛滥之后演变出来更强大或者更先进的技术以及创新、软硬件结合等，也包括对现有技术的改进升级，以及对现有产品使用体验的升级等。更多是指那些现实生活中让大家"不明觉厉"的新硬件、新软件、新技术、新工艺、新材料等。

如今，一些黑科技开始被一些高大上的线下商家用来改善门店体验。

在各大实体店纷纷关店的当下，茵曼作为一个线上起家的服装品牌，大军进军线下，在全国范围内布局开设线下体验店，获得了长足的成长。

在茵曼体验店中，顾客能获得一些新奇的体验。

（1）情感机器人。茵曼体验店内的机器人叫"Super 曼"，是一款基于云端，具有情感功能的类人型机器人，它可以通过顾客的面部表情和说话的语调，来判断顾客的情感状态，并通过表演、对话等方式，为顾客提供充满奇趣的互动体验。

"Super 曼"被放在体验店门口充当超级迎宾，它能够根据顾客心情状态进行互动，并且可以同顾客进行答题互动，对答成功的顾客，可以获得现金券或茵曼定制的小礼品。

（2）人工智能"魔镜"。魔镜具备智能识别功能，当顾客手拿服装出现在魔镜感性范围内时，它能够即可显示商品的细节信息，比如模特图、搭配图、细节图、色码、库存等。通过魔镜，顾客还可以查阅商品的买家评价，作为参考。

在茵曼体验店，顾客还可以借助手机扫码，体验语音式导购，得到自助的语音或图像说明。

除此之外，越来越多的新零售商开始尝试一些新的门店体验技术。

（1）视频直播。通过视频直播技术，零售商可以即时回答消费者的各

种问题，解释产品的卖点和用法，可以用来改善体验、增加销售。比如，在2016年5月，韩都衣舍携手网红时尚达人在多个直播平台直播韩国穿搭之旅，吸引了将近200万人观看，将进店客流量带到了一个峰值，其中绝大多数是新客。

（2）黑科技后仓。在盒马鲜生的门店天花板，消费者能看到一条悬挂链，订单就是从此处传输出去，到达盒马鲜生最神秘的后仓，这是由一极其复杂的大数据算法和各种人工智能设备构成的黑科技后仓，据说马云在前往盒马鲜生视察时，曾在后仓停留了足足十分钟。在这里，后仓系统会根据订单商品组成、相近的预约时间、相近的消费者位置、相似的配送员的路径，经过精密验算后智慧商品自动合单，并帮助打包员在后仓快速打包，整个打包过程会严格控制在3分钟以内，以便订单能够在承诺的30分钟内抵达3公里范围内的用户，确保生鲜产品的新鲜。

这些黑科技的引入，大大增强了零售商的差异化体验度，为顾客提供了无与伦比的消费体验。

新零售体验式营销是一种突破以往"理性消费者"理论的营销模式，将顾客的理性与感性相结合，商品本身的价值不再是消费者购买行为的全部，消费前、消费中和消费后的体验成为实体店经营的关键。

在目前的技术层级上，体验式营销的理论体系已趋向成熟，各种新奇的科技设备也被广泛运用于商家市场营销当中。

不过，VR（虚拟现实）技术的发展，以及下一代计算终端平台的革新浪潮让"体验"二字有了全新的表现形式以及新的想象空间，这使体验式营销在VR时代有了更多维度的发展空间。

在VR时代，新零售的体验式营销可以打破时间、空间的限制，一部VR头盔式显示器，就能将店铺运营的所有相关信息连接到逼真的三维虚拟世界当中。特别是当显示镜头的分辨率、清晰度到达更高级的阶段时，大部分的实体产品都能以一种"拟真"的方式呈现在虚拟世界当中，让顾客能够比当今的2D平面能够更加直观、全面地了解产品的物理特性。

VR技术让商家有了更大的发挥空间，让一些原本不可能的体验变为现实。

我们知道，体验式营销的核心在于提供极致的顾客体验，传统上那些缺乏交互性的体验方式只能给顾客留下浅层印象，若想给顾客带来更深度的体验、更深刻的印象，就务必要采取互动性、参与式的消费体验。

比如，在麦当劳的 VR 广告中，人们看到的不是新品推荐和优惠活动，而是各种奇思妙想的创新性互动娱乐体验，例如同"汉堡人"打架、为"M"标志填充颜色以及帮麦当劳叔叔给孩子们分汽水等独特的体验。

不过，目前由于技术所限，由于硬件普及率较低，以及硬件的不够完善，比如眼下的大部分 VR 头盔显示器的画面质量还不够清晰、设备沉重等问题都会影响顾客体验。但可以预见的是，在不远的未来，VR 体验式营销将会越来越普及，逐渐登上线下商业的体验舞台。

四、借助互联网思维改善用户体验

这个世界没有绝对的传统零售，也没有绝对的没落企业，只有传统的思想、传统的思维、传统的理念、传统的行动。

互联网时代，很多传统零售被新零售打得满地找牙，其实本质上并不是技术的问题，而是思维的问题。就好比一百多年前，清朝海军耗巨资组建的北洋舰队，从硬件、规模上不仅毫不逊色于同时期的日本舰队，甚至可以媲美欧美海上列强的舰队，但面对已经彻底西化、完成了资本主义转型的日本海上力量，还是遭遇了惨败。这种失败，是败在了思想、思维的层面。清朝洋务派主张的"师夷长技以制夷"，终难以奏效，技术的东西只是术的问题，无法从根本上解决问题。

所以，没有所谓的传统商业，只有传统思维的经营者。术的东西，通过花钱就可以搞定，但思想的东西，如果不改变，还是会如同装备了现代军舰大炮的北洋舰队一样葬身大海。

万科创始人王石说过一句话，"淘汰你的不是互联网，而是你不接受互联网"，生存在互联网时代，应该学习互联网思维。

传统商家如果善于将互联网工具、手段跟自身实际情况结合起来，为顾客提供更多增值服务、更人性化的产品、更极致的体验，提高管理运营效率，不仅不会被边缘化，还会活得如鱼得水。

但是，传统零售如果排斥互联网，拒不将互联网当成工具同自己的行业相结合，那么，最终淘汰你的还是你的同行，是完成了互联网转型的同行，因为他们接受了互联网，把互联网跟自己做的事情结合起来，突破了瓶颈，取得先发竞争优势。就像第一次工业革命中的蒸汽、第二次工业革命中的电力，首先掌握这些新能源的企业会具备先发优势，成为创新型力量。而当所有的企业都掌握了这些资源之后，它们将变身为最基本的工具，最基础的生产资料。

互联网时代，零售经营的打法完全变了，再固守传统思维，注定会四处碰壁。未来一定是属于既能深刻理解传统商业的本质，也具有互联网思维的人。

所谓商业的互联网化，主要表现在以下两个方面。

第一，商家将重新构建跟消费者之间的关系。

第二，商家利用互联网工具改造内部经营流程。

那么，互联网思维到底是什么呢？

在"互联网"的时代，这个概念经常被滥用，互联网思维到底是什么，莫衷一是。

阿里巴巴的首席战略官曾鸣认为，互联网精神是八个字：平等、开放、互动、迭代；小米创始人雷军表示，互联网的核心思想是七个字：专注、极致、口碑、快（见图16.6）。

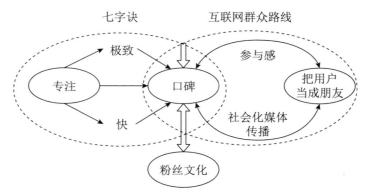

图16.6 互联网思维"七字诀"

下面我们来看下一个新零售"互联网思维的三大定义":

(1)依托互联网做传播,找到目标客群,也让目标客群认识你,进行参与互动。

(2)以用户需求为导向进行产品开发、服务设计,根据找到的目标客群做精准型"窄众产品"。

(3)微小改进、快速迭代、以互联网手段收集反馈,迅速改进产品、服务,进行再传播。随着功能、服务及产品线的完善与扩充,逐步扩大目标人群。

需要注意的是,互联网思维如同一个中药方子,每一味药都常见,配在一起却可能有奇效。如果片面地看待互联网,任何一点单独拿出来都没有什么奇特,互联网思维是把这些要素组合起来,产生破坏性的模式创新。

我们来见识一下,什么才是真正的用互联网思维做小而美的新零售。

吴滋峰生于1980年,是一个连续创业者,有几次成功创业经历,让他三十刚出头就实现了很多人梦寐以求的财务自由。

卖了公司之后,吴滋峰还想做点事儿,他给自己定下了项目筛选的三个标准。

首先,巨头不容易进入的行业,这样就不会被轻易颠覆。

其次,客单价和毛利率要高,要做的是持久的生意。

最后,有故事可讲,能进行故事营销。

寻来觅去,曾经同朋友合伙开过烘焙店的吴滋峰,再次发现这是一个理想的选择,几乎完全满足上述三个标准。

烘焙的客单价和毛利率之高,是业内公认的。好利来一个8寸的奶油蛋糕,要价就在168元,其成本充其量只15～20元;一块售价20元的提拉米苏,成本可能只有1元钱,利润非常可观。

在互联网思维出现之前,大家都遵守着行业规则,默默地赚钱。

2011年,吴滋峰这个搅局者再次进入烘焙业。开始他只是做了一个网上销售平台,把上海所有的知名蛋糕品牌都放上面销售,自己负责配送环节。半年之后这个模式被证明行不通,因为最核心的产品还是传统的,没能给顾客带去颠覆性的体验。

吴滋峰掉转船头，一个全新的用互联网思维打造的蛋糕品牌"极致蛋糕"应运而生（见图16.7），打造这个品牌吴滋峰充分借鉴了雷军的小米模式，在很大程度上也确实实现了雷军的互联网思维七字诀"专注、极致、口碑、快"。

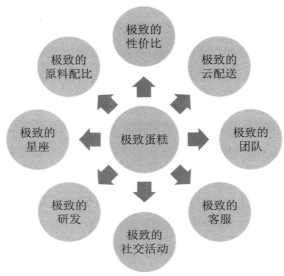

图16.7　"极致蛋糕"的八项极致

1 专注

"极致蛋糕"不求大而全，只求"小而美"，只做"爆款"，每年只做12款"星座蛋糕"，这12款蛋糕分别对应着12个星座，并按星座的时间区间进行发售，也就是说，过了时限，就买不到之前星座的蛋糕了。

在每个星座月，"极致蛋糕"都会专心做好当月款的星座蛋糕，每款蛋糕都被做成供不应求的"爆款"。

2 极致

"极致蛋糕"的极致是有目共睹的，例如，每年3月到4月初是白羊月，于是就只卖白羊蛋糕。"极致蛋糕"还花一万多元的月薪聘请了一名星座师（有资格证书），来分析白羊座喜欢什么口味和包装，将白羊座人群的各种需求都融入其中。星座师给了吴滋峰很多宝贵的建议，例如，白羊座切换到金牛座的标准时间是4月22日12点17分，于是"极致蛋糕"的网站就按这个标准时间切换，分秒不差，显得特别专业。

"极致蛋糕"专门聘请了在中国香港上市公司的克里斯汀蛋糕的研发中坚Vine吴出任副总裁，Vine吴是中国十大烘焙名师，带领过500人的烘焙团队。现在带领"极致蛋糕"20人的团队做蛋糕产品。

"极致蛋糕"的包装做得堪称极致，很是大气，基本是向着PRADA的包装标准看齐，还附送不锈钢刀叉，免运费。

这么极致的蛋糕，售价多少呢？只有50～100元，前期为了宣传造势，制作极其精美的白羊座蛋糕定价仅为58元（接近成本价），一下子就引爆了市场。

3 口碑

小米模式里很重要的一点是注重口碑，重视粉丝经济，"极致蛋糕"也很注重培养自己的忠实粉丝和分享型粉丝。除了寻常的社会化营销之外，"极致蛋糕"还会让粉丝参与决定下个月的新款样式，邀请粉丝试吃，以此来培养粉丝的主人翁意识，让他们主动为企业宣传造势。

"极致蛋糕"还采取了一个狠招，寻找100名死忠粉丝，然后培养他们，给他们灌输"极致蛋糕"的理念，甚至是无偿的"供养"他们，免费送他们蛋糕吃。供应的目的当然不是为了赚钱，而是借助他们的社交网络影响力，去为"极致蛋糕"造势，营造良好的口碑。

4 快

"极致蛋糕"提供的是特殊产品，它的快更多反映在准时上，例如，如果有用户打算7点和朋友庆祝生日，"极致蛋糕"对配送员的要求是必须在6点半准时送达，太早太晚都不行。

当然，传统意义上的快，也是"极致蛋糕"的一个基本功。比如极致蛋糕有个概念叫"云配送"，主打的就是快，当用户在线订购蛋糕后，最快可以实

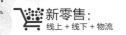

现两小时送货到家。

"极致蛋糕"还模仿小米每天中午 12 时进行限时抢购,给消费者造成一种紧迫感、短缺感。

正如"极致蛋糕"所宣称"极致的口味、极致的价格、极致的食材,只为极致的你",他们的用心打造极致产品,也获得了极致的回报。

"极致蛋糕"首款白羊座蛋糕,上市当月就卖疯了,实现了 300 万元的销售收入,预计全年收入将达 8 000 万元。

在互联网时代,对于传统零售,会有层出不穷的入侵者、挑战者、颠覆者,当他们集资本、思维、团队、经验优势于一体,拿起互联网思维的秘密武器,对准某个细分领域,切下锋利一刀,给顾客带来极致的消费体验时,你还能招架几时?

第十七章
服务精进：满足日渐挑剔的客户

一、人是万物的尺度，打造有温度的零售

新的线下商业格局应当是什么？温度应无处不在。

"人是万物的尺度"，这是普罗塔哥拉最著名的哲学观点。[①]

实体业是以人为本，应需（顾客对温情商业、温情服务的需求）而生，因为满足顾客的心理需求而被需要，才能持续发展。

1 构建有温度的消费环境

我们生活的这个社会已不可阻挡地进入大数据时代，每个人包括所有顾客，都是信息的制造者和传播者。大数据时代，顾客的需求更多，对产品更挑剔，实体店经营者应该怎么转变经营思路呢？

商家需要精准掌握用户需求信息，提供贴合用户需求的"有温度"产品和服务，提供有温度的消费环境，做电商所不能做。

红星美凯龙首创性地提出了"实体赋能互联网"的概念，红星美凯龙总裁李斌表示："门店是我们的体验中心、服务中心，也是未来我们最精准流量的最大入口，通过实体店为线上平台多领域扩张赋能和用户积累赋能。"

李斌说："最终我们是以实体门店为核心服务用户，让体验更有温度，让服务更专业化、更人性化；同时通过互联网平台和技术工具，让用户的选择更丰富，参与更便捷；线上线下一体化融合、相互赋能，建立无缝衔接的服务闭

---

① 公元前 5 世纪的希腊哲学家，智者派的主要代表人物。

环,真正迎接品质消费时代的到来。"

线下如何为线上赋能?依靠有温度的消费环境、有温度的体验(见图17.1)。

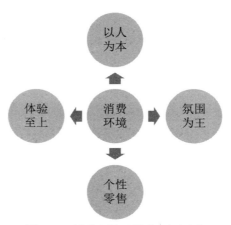

图17.1 消费环境"温度"四要素

把内心的温度外放,构建一个有温度的消费者环境,让消费者的心情更愉悦,应是线下零售经营的基点,会让商品与服务有不可替代的价值。

2 提供有温度的服务

有温度的商业,离不开有温度的硬件、有温度的消费环境,更少了人的因素,离不开人为的温情服务。

顾客服务的每个细节都值得实体店经营者"斤斤计较",随时随地强调"人"的方便性,将人性化融入服务之中,才能让更多顾客看得见、摸得着、感觉得到服务的温度。

零售业是消费者和经营者的一次美丽邂逅,温度应无处不在。充满温情的服务来源于情感(见图17.2),是消费者从进入消费环境后所碰到、摸到、看到、闻到、听到、得到所有信息经过其大脑加工处理后的综合反馈。

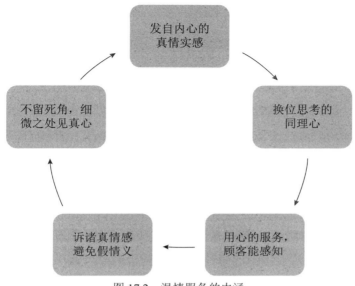

图 17.2　温情服务的内涵

二、学习日本零售业的暖心服务

2015 年"黄金周",日本成了中国游客出境游的最大目的地之一,出国人数比往年同期翻了一番。

东京机场入境口岸,排满了等待入关的中国游客。从东京机场,到东京街头,以及各大商场,无不挤满了中国游客,他们的主题是"买买买",据说日语里还专门针对中国游客的这种行为创了一个新词——爆买,有些聪明的商家还打出了"庆祝中国国庆节快乐"的中文标语。

国内有人在微博上发了一组中国游客在日本各大商场抢购的图片,且配有这样的文字:"新宿已拿下!秋叶原已拿下!涩谷已拿下!池袋已拿下……11区基本已被我方人员控制!"

这组图文被不少网站以"中国旅游购物者全面'攻陷'日本"为标题争相转载。

普通游客的选择,具有趋利性,出去游玩最主要就是一个舒心,为什么会

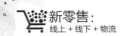

有越来越多的游客选择境外游？其中固然有购物的因素，其实核心还在于，哪里服务好，他们就去哪里，哪里让他们舒服、让他们身心愉悦，他们就去哪里。

日本的旅游环境确实有其打动游客的独到之处，尤其是他们提供的极致服务，更是击中了国内游客的核心痛点。

日本商家的服务极致到什么程度呢，我们可以来见识一下。

- 日本的很多经营场所都是要脱鞋的，比如料理店、酒店，包括一些商场的试衣间。顾客脱掉鞋子之后，服务人员第一个动作就是要把鞋子整理好，顺着顾客走出的方向放置好，以方便顾客。
- 在下雨天，带伞的顾客进店后，服务人员会马上接过雨伞，将雨水擦干净，放在门口，方便顾客离开时取回。
- 在日本商家，只要遇到顾客询问，不管服务人员在做什么，都要立马停下来，解答顾客的问题。
- 遇到顾客投诉，服务人员不会有任何推脱，没有任何不快，没有任何扯皮，也不管是不是他们的问题，都会代表整个团队致以诚恳的歉意。
- 在一些餐饮、旅店，营业期间服务人员禁止扫地、清洁，以防灰尘影响到顾客。在这些场所，绝对看不到国内一些餐馆中常见的清洁人员拿着拖把走来走去的情景。

这些看似苛刻的服务细节，在日本都是一些约定俗成的基本服务规范。

在国内的商场、书店、娱乐场所，经常会传来"谁家的孩子在服务台，走丢了，请某某家长速来认领"之类的广播。但在东京迪士尼，你却从来听不到这样的广播。不是那里没有小孩走失，而是因为他们认为播放令人焦虑的寻人广告会影响游客的心情。

东京迪士尼面对走丢的小孩，是怎么做的呢？

工作人员会蹲下来，掏出糖果，先哄孩子停止哭闹。然后询问他们的姓名、从哪里来、在哪里跟亲人走失。如果小孩年龄小描述不清的话，他们会将孩子带进迪士尼的托儿所，拿出一摞卡片，上面有爷爷奶奶爸爸妈妈形象的图片，让孩子辨认是跟谁来的。接着用同样的卡片，让孩子指出亲人的衣着特征。这样，一个个细节敲定之后，就很容易就能找到孩子的家长了。

当家长忧心忡忡地赶来时，孩子可能正在开心地吃糖果，玩玩具。

这就是日本迪士尼的服务，令人动容！

总有人抱怨经济形势不好，抱怨生意难做。事实上，相对于提供极致的产品，提供让用户尖叫的开创性产品，服务领域的商机更多。

可以放眼看一下四周，看看那些让人恨之入骨的低劣服务，几乎到处都是，零售商没有什么服务意识，更别去提那些想方设法欺诈蒙骗顾客的行为了。

别人做不到，你能提供，这就是提升的机会。

三、不容忽视的售后服务

顾客满意度有以下两层含义。

第一，顾客满意度是一种主观感受。

什么叫主观？就是"顾客说你行，你就行，不行也行"。在不同时期、不同环境，顾客满意的标准迥异。过去满意的事，现在未必满意；现在满意的，将来就未必满意。

第二，顾客满意度是一个相对概念。

什么叫相对？就是"你比别人好，就是好，不好也好"。在特定时期、特定环境，顾客满意度取决于对比。是否能满意，不在于销售人员做了什么，而在于比别的销售多做了什么、少做了什么。

顾客满意度受到挑战的结果往往是：顾客一眼不爱，产品（服务）就寿终正寝。

来看一个案例：在某市一条商业街上，有两家小型家电商，在当前家电大卖场以及网络商家的冲击下，这种小型家电商店生存是举步维艰，他们凭借代理一些不知名的小品牌尚能勉强生存下去。

其中一家店铺的店主兼销售员小曹主要销售电视机、洗衣机等大件家电产品，每次顾客要货，他都会亲自送货上门，将货送到顾客家里，按顾客的要求放到顾客认为最合适的位置。如果顾客需要维修，他也会及时赶到，以最快的速度为顾客排除问题。小曹非常注重跟进服务，经常给顾客打电话，问顾客在使用中有什么问题或建议；而另一家家电商铺的销售员小朱，同样也实行送货上门服务，但每一次都是把货送到门口甚至楼下就不管了。顾客要求上门维修，他也总是以这样那样的借口迟迟不给解决，有时顾客的一再催促，勉强上门维修，也做得很不到位，修好的家电没多长时间又开始出现新毛病了。

凑巧的是，小曹的一位顾客和小朱的一位顾客住得不远且互相认识，有一次两人没事聊天的时候，话题就扯到家电上面，小朱的顾客一听小曹顾客的介绍，感叹万分。经过介绍，小朱的顾客见到了小曹，并亲身体验了一下他的服务。从那儿以后，小朱的顾客每次遇到亲戚朋友需购买电器时，都会把他们介绍给小曹。前不久，一位间接顾客的儿子结婚添置的家电产品几乎都是从小曹的店里买的。

售后服务顾名思义就是产品售出后的服务。产品卖到顾客手里，并不等于就万事大吉了，还要设法通过售后服务来为顾客提供增值服务，超出顾客期望值，甚至让顾客尖叫，这样才能超越痛点，触动顾客的兴奋点。

成功的售后跟进工作，需做好以下几点。

第一，低调承诺，超额兑现。要建立信誉度，不要做出你不能兑现的承诺。

第二，关注小事情。要养成快速回电话、回邮件和做出其他回应的习惯。跟进，跟进，再跟进。

第三，与顾客保持联系，并做好记录。花些时间来记录会议和电话交流的相关内容。保留一份售后跟进的书面记录——当顾客被重新分配给另外一位客服代表的时候，这种做法就非常奏效。

第四，建立一个反馈系统，来了解顾客是如何评价你提供跟进服务的质量和数量的。跟进服务不是由你预先设定和想象的，而是取决于顾客是如何感知、如何评估它的价值的。对于跟进服务而言，顾客的感知说了算。

四、让顾客口碑相传

在 PC 互联网时期，消费者的购买路径往往遵循"漏斗模型"图。

"漏斗模型"的全称为"搜索营销效果转化漏斗"，漏斗的五层对应了商家搜索营销的各个环节，反映了从展现、点击、访问、咨询，直到生成订单的消费全过程，在每一个环节，顾客都在不断流失，越往后的环节，剩下的顾客越来越少，就像漏斗（见图 17.3）。

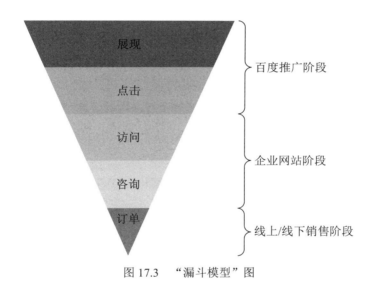

图 17.3 "漏斗模型"图

在线下门店，顾客的购买行为也是遵循这样一种路径（见图 17.4）。

"漏斗模型"下，消费者的购买决策路径都是从注意（Attention）、兴趣（Interest）、欲望（Desire）最后到行动（Action），这种模型下，消费者从"关注—兴趣—渴望—记忆—购买"完成一次消费流程，随着购买行为的做出，消费行为也告一段落。

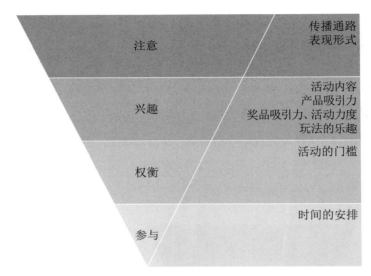

图 17.4　门店顾客购买路径的"漏斗模型"图

口碑传播之下，消费者做出购买决定之后，消费行为并没有结束，他们会通过各种线上、线下途径来分享购物体验，从而形成口碑传播效应（见图 17.5）。

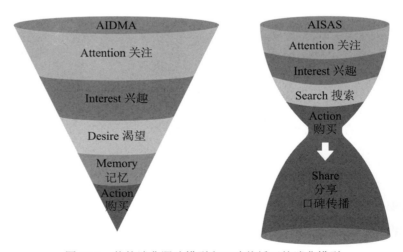

图 17.5　传统消费漏斗模型和口碑传播下的消费模型

零售商的口碑经营，需要把握好以下几个要点。

1 口碑有正负之分

口碑有正面口碑和负面口碑，对消费过程感到满意的顾客会和人们谈论或在网上发布积极的产品使用感受，不满意的顾客则会发布负面经验或信息。在网络社会，这种口碑传播的速度和效应都会呈几何级扩散，在网络口碑产生过程中，消费者主动处理信息并转化为自己的语言或方式来表达满意或不满意，这是一个持续的内部沟通的过程。当口碑输出时，被认为是消费者体验一个产品或服务而触发了其自身沟通的产物（见图17.6）。

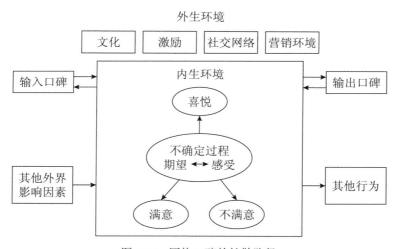

图 17.6　网络口碑的扩散路径

消费者的口碑传播，会影响到更多的消费者。积极的口碑，会说服更多的潜在顾客来消费；消极的口碑传播，则会对商家生意产生不利影响。

所谓口碑的经营，即是要经营积极的口碑。

2 好产品（服务）是口碑的本源和发动机

营销大师科特勒认为，只有卓越的用户体验才能激发用户正面评论（正面口碑），这是口碑营销的基石。

好的产品（服务）就是口碑的发动机，是所有基础的基础。产品（服务）品质是1，口碑传播都是它身后的0，没有前者的1，后面的将没有任何意义。

甚至，在产品（服务）存在瑕疵的情况下，盲目进行口碑营销，只会带来更大的负面口碑风暴，让商家难以承受。

3 付诸真诚的情感

客观地说，中国的消费者是很容易被感动的，商家只要用心服务好客户，用户就会想方设法去回报商家，其中最间接的方式便是口碑相传。

《影响力》一书中提及的互惠原理反映的就是这个道理。人们在接受了别人的帮助与关怀后，如果不回报会有歉疚感，这种歉疚感就会通过口碑推荐的形式去回报给商家。

4 培养发烧友和种子用户

什么是发烧友和种子用户？

雷军的答案是："真正的发烧友关注什么？一言以蔽之：新奇特、高精尖。产品在某一方面做到极致，就自然能得到发烧友追捧。这就是小米手机从诞生起就一直追求高性能的原因。只要性能突出、个性鲜明，就一定会有人爱。最初爱你、赞赏你的，就是核心种子用户。这些发烧友是人群中的意见领袖，在消费电子行业中，意见领袖的评价对普通用户的购买决定有很大的影响力。"

零售商需通过极致的产品、极致的服务和极致的消费体验，来打动发烧友，培养种子用户，再由他们借助各种社交化媒体进行口碑营销，才能得到空前的成功。

口碑营销，是指商家在品牌建立过程中，通过消费者之间的相互交流将自己的产品信息或者品牌进行传播。口碑营销的最大特征是可信度高，利用口碑传播所传达的信息渗透率高、达成最终成交的可能性更大。

有研究称，接近20%～50%的决策背后，其首要影响因素是口碑，尤其是在消费者进行首次购买或者产品相对价值高昂的时候。

（1）口碑营销的优势。

口碑营销之所以令商家趋之若鹜，在于它相对于传统营销的先天优势（见

图 17.7)。

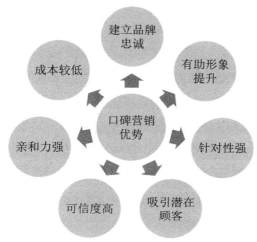

图 17.7 口碑营销的七大优势

(2) 进行口碑营销的基础。

口碑传播要想进行得更快、更广、更好,又可以让消费者"自然地、发自真心地"进行正向传播,需要商家能够做到如图 17.8 所示的四点要求。

1.让每一个消费者对产品、服务留下好印象,不留死角
2.让消费者更容易碰到适合传播的场景和事件
3.让消费者更容易记忆和表述曾经体验过的产品、服务的美好印象
4.让接收口碑传播的一方能易于接受、理解和记忆信息,更容易转化为实际客户

图 17.8 口碑营销的四个条件

(3) 设法让顾客口口相传。

人们买了一件新衣服,感觉这件衣服很漂亮、很值的时候;人们享用了一餐美食,心情舒畅的时候,就会情不自禁地向周围的朋友推荐。

所谓口碑营销,其实就是口口相传。

美国有家名为"Flying Pie"的比萨店，该店每天都会确定一个人名，比如"Jack""Rose"，叫这个名字的幸运顾客，会被邀请到店里的厨房制作自己的免费披萨，每天都有五个名额，制作现场会被拍照发布到网络。

新的幸运名字怎么选？"Flying Pie"会请每个参加过活动的人提供名字，通过投票的方式来确定下一周的幸运名字。

顾客提供的通常是自己身边亲朋好友的名字，并将这个信息传递给他们，这样，关注披萨店的人群越来越大。

商家为此付出的成本并不高，而且平时由于工作繁忙，来体验免费活动的人并不多，但这并不影响他们四处帮忙传播"Flying Pie"。

"Flying Pie"的聪明之处在于将目标客户群体织成了一张网，通过口口相传的方式让客户带着客户来。

第五篇

零售+精细化管理：对"人、货、场"进行价值重构

第十八章 对"人、货、场"进行价值重构

一、新零售需要匹配综合运营能力

1776年英国经济学家亚当·斯密在《国富论》中提出"看不见的手"的命题,它的基本内涵是:只考虑个人利益的个体在经济生活中,受"看不见的手"的驱使,即通过社会分工和市场的作用,就可以达到个人富裕、国家富裕的目的。这里,"看不见的手"是一种在无形中产生作用的资本主义完全竞争机制。

在零售业经营体系中,也有一只"看不见的手"在起作用。

新零售一般包含两大系统:前台系统和后台系统。前台系统是大家可以看到的、感受到的、触摸到的、体验到的,是给顾客带来体验的系统;后台系统则是带来良好顾客体验的高效运营能力,这是一只"看不见的手",是零售商的核心竞争力所在,也是竞争对手很难模仿偷学到的一门艺术。

日本线下零售拥有很强的竞争力,实际上,真正让日本线下零售(包括其他顾客体验良好的实体店)屹立不倒的根源在于其高效率的内在运营能力。在激烈竞争的零售行业,有宏伟的蓝图、完善的部署不一定能成功完成新零售转型。零售企业必须增强与新零售相关的企业运营能力,才能为转型保驾护航。

新零售商的运营能力主要表现在以下几个方面。

1 死磕低价采购

雷军曾去美国"好市多"超市体验购物,他是这样描述排队经历的:"我

去美国出差，一下飞机张宏江博士就租了辆车直奔 Costco。回来吹了半天，经他一煽乎，除了我其他 9 个高管都去了。结果晚上回来大家说东西太好了，我就问怎么个好法。其实就一件事，便宜。

连雷军都推崇的"好市多"，是最值得中国实体商家研究的标杆之一，它以极低的毛利率，却保持着坚挺的会员忠诚度，它以销售贴近成本的低价产品著称，给顾客带来极致的购物体验，让顾客为之疯狂。

"好市多"采取的是收费式会员制，消费者成为它的会员后，能以非常低廉的价格购物，前提是要在"好市多"进行"多频次、大额度"的购物，否则，就很不划算。

在采购上，"好市多"采取的集中式大量采购方式，品类不多，但是数量巨大，以此获取谈判优势，提高议价权。这样，虽然顾客在"好市多"没有更多选择，但实际上"好市多"已经帮助顾客找到了最合适、最便宜、使用频率最高的产品。

在"好市多"，有两条不能触碰的经营红线。

第一，所有商品毛利率不得超过 14%，一旦高出这个数字，需要上报 CEO，并请董事会批准。

第二，外部的供应商，如果给竞争对手供货价格低于"好市多"供货价格，那么它的商品永远不会再出现在"好市多"超市的货架上。

这两条准则严格执行下来，结果就是："好市多"的商品平均毛利只有 7%，而另一家号称"天天低价"的沃尔玛，毛利率则在 22%～23% 之间。

2 勤进快销

日本线下零售追求的就是"快节奏、高效率"，是勤进快销，经营者对于市场需求的预测非常精准，确保不会出现库存积压，降低产品仓储成本，提高资金周转率。这种经营效果是建立在以下核心能力之上的。

第一，对于商品的畅销情况进行精确预估和判断，在此基础上建立科学的库存管理体系。

第二，对商品进行高效推广、促销，纳入促销范畴的不仅包含过季、过时、滞销的商品,还包括时新的产品、畅销的爆品,让顾客为之痴狂。

第三,建立涵盖"人、商品、资金"三位一体的考核体系,打造高效快捷的分销运营体系,根据用户需求打造快速反应能力和应对速度。

3 极致的单品管理

在零售业有一种说法:"世界只有两家便利店,7-11便利店和其他便利店",日本7-11堪称是线下实体零售业的标杆,它在运营管理上有颇多独到之处。

被尊为"7-11之父"的铃木敏文提出过一个"单品管理"概念,英语世界甚至以"单品管理"的日文发音为"单品管理"创造了一个新的名词"tanpinkanri"。

所谓单品管理,就是店铺要依据经营假设来订货,做好经营预案,不论某种商品实际需要多少订货,公司都能够应对自如,以此来掌控畅销商品,排除滞销商品,为此,铃木敏文要求每一个店员都要汇报每一件产品的情况,那些不好卖的东西要迅速清除。

这是一项复杂的系统性工作,但的确能提升实体店的运营能力和反应速度,且能直接提升利润率。

二、新零售商品定位的几种模式

商品是零售业的主要经营"内容",商品力永远是零售企业的核心竞争力,做好商品定位,对零售企业的转型至关重要。

根据菲利普·科特勒的定义,市场由一切具有特定的欲望和需求并且愿意和能够以交换来满足此欲望和需求的潜在顾客组成。

这就意味着,在更加透明的市场环境中,零售商不能再像往常一样,单方面对顾客进行产品信息、销售信息灌输,而应深入消费者的内心,研究他们的消费观念。

在以移动互联网等新技术革命为标志的体验经济时代,消费环境、消费趋势以及消费者的消费观念都发生了深刻变化,消费者的消费观念除了表现在个性化、重体验上，还有一个明显的趋势是消费需求的两极化：一极是向上高消费、奢华消费；另一极，则是向下低消费、实惠消费。

同以往相比，消费者变得更加务实、更加挑剔，在他们喜欢的产品和服务上，他们不惜代价，愿意付出高价。而在那些不太重要，对他们来说不痛不痒的产品消费门类上，他们宁愿一分钱不花。

进行趋低消费时，消费者会在同类、同品质、同级别产品中选择价格最低的商品。

拒绝中庸、拒绝妥协，于是，消费市场开始两极分化，呈现两个趋势：趋低消费和趋高消费。一方面，我们看到，高消费、奢侈消费呈跳跃式增长；另一方面，网络购物、平价购物也正在形成浪潮。

基于此，新零售的商品定位模式主要有以下几种。

第一，低品质、高价格。属欺瞒性定位，多是一锤子买卖，很难有回头客，随着信息的日渐透明和消费者变得越来越理性，这种生意模式的生存空间会越来越小。

第二，低品质、低价格。这种定位模式，针对的是低收入人群。有着庞大的用户基数，但随着顾客的日渐挑剔，唯有不断提升品质和服务质量，才能赢得更多的生存空间。

第三，高品质、低价格。零售商凭借高品质、低价格"爆款"产品、服务，能迅速撬开市场，聚拢一大批粉丝型消费者，在竞争惨烈的红海市场中杀出一片蓝海。比如，"好市多"和"名创优品"。

第四，高品质、高价格。我们提到消费者消费观念的两极化倾向，其中一极就是高消费、奢华消费。高消费对应的必然是高品质的产品和服务。

显然，在日趋理性的消费者面前，前两种商品定位模式必然会被淘汰，新零售商应深耕以下定位方向。

1 微利模式

2008 年全球金融危机爆发，日元贬值，以性价比高为卖点的丰田汽车，反而卖得更火，利润比中国汽车行业总利润还高。丰田老总接受记者采访时却说，这不是好现象,因为他不希望让员工认为企业赚钱很容易,养成惰性,忘了初心。

丰田有句话讲得好:企业利润要像干毛巾里拧出水来。丰田公司有时甚至会主动削减利润,避免员工人心浮躁,不再专注于品质的精进,导致企业失去竞争力。

国内线下新零售的典范"名创优品"老总叶国富非常推崇日本企业家的这种微利经营哲学,他说:"日本企业几乎没人赚暴利,都讲微利。比如优衣库,一件羽绒服在中国卖399元,日本本土卖349元,日本人均收入是我们五倍,相当于日本人75块钱买一件羽绒服,你能想象在中国花70块钱买件羽绒服吗?170块都买不到。中国各种不合理的成本太高了!"

低成本、低价格、高品质的微利模式,需要魄力,更需要一流的商品组织能力。

网易严选是互联网公司网易的一个新零售产品,它的口号是"好的生活,没那么贵",主打高品质、低价格的商业模式,成了新电商的代表,网易严选的物美价廉是建立在其独特的ODM模式之上的。

所谓ODM(original design manufacturing),即厂商根据客户对产品的外观设计要求与内部规格设计要求来生产各种不同价格、规格、形态的定制产品,贴的是客户的牌子,用的是自己的里子。网易严选挑选的ODM厂商都是大牌生产厂家,包括新秀丽、MUJI、Coach等知名品牌的制造商。

这种跳过中间环节的模式,既保障了商品品质,又大大降低了价格。如网易严选销售的MUJI制造商直供的29元拖鞋和20多元的毛巾、Coach制造商直供的59元名片夹和499元公文包等商品,由于极高的性价比而吸引了大量消费者。

2 高质高价模式

消费者消费观念具有两极化倾向,其中一极就是高消费、奢华消费。高消费对应的必然是高品质的产品和服务。

就像德鲁克所说:"顾客购买的不是商品,而是商品所带给他们的满足感,商品只是满足的一个载体"。

高端、极致的商品会让消费者的满足感无限放大,哪怕价格昂贵,人们仍然趋之若鹜。

叶明子是一名高级时装设计师,毕业于英国著名的圣马丁学院针织专业。她在北京建外 SOHO 开了一家名为"Studio Regal"的定制服装店,Regal 象征着"高雅、经典、独特",生意非常火爆。

叶明子提供了让顾客满意的产品,她对产品的要求尽善尽美,每一名顾客都是朋友私下介绍。她会将每一名顾客视为贵宾,接到订单后,并不急于为他们量身打造服饰,而是先花大量的时间跟顾客进行沟通,待彼此相当熟悉之后,再开始根据对方气质、习性进行设计。

据悉,每一块布料从选线到花色叶明子都要亲自做,有时为了找到最合适的纽扣,她还会专门跑到中国香港去淘货。每个季度,叶明子设计的服装都不会超过 30 套,每件衣服的质量要求都近乎苛刻,精益求精,为顾客带去了无与伦比的消费体验。

这就是典型的"高品质、高价格",却让消费者趋之若鹜。高质高价背后的逻辑如图 18.1 所示。

图 18.1 "高品质、高价格"模式的支撑点

3 长尾模式

2004年10月,美国《连线》杂志主编克里斯·安德森,在《连线》杂志上发表名为"长尾(long tail)"的文章,迅速成了这家杂志历史上被引用最多的一篇文章,后来它有了一个更合适的名字——长尾理论(见图18.2)。

图18.2　长尾理论模型

所谓长尾理论,简而言之,是指只要产品的存储和流通的渠道足够大,需求不旺或销量不佳的产品所共同占据的市场份额,可以和那些少数热销产品所占据的市场份额相匹敌甚至更大,即众多小市场汇聚而成的市场可以同主流市场相匹敌。也就是说,企业的销售量不在于传统需求曲线上那个代表"畅销商品"的头部,而是那条代表"冷门商品"经常为人遗忘的长尾。

举例来说,一家大型书店通常可摆放10万本书,但亚马逊网络书店的图书销售额中,有四分之一来自排名10万以后的"冷门"书籍。这些"冷门"书籍所占的销售比例正在迅速增加。

这意味着,消费者在面对无限的选择时,需要的不仅仅是排名前列的畅销书,而且还有适应自己个性化口味的小众产品。

"长尾理论"的提出,也正顺应了目前逐渐兴起的个性化需求与消费的浪潮,能够把握住这一趋势的商家也能在不起眼的小众市场中分得一杯羹。

在《小众行为学》中,作者提出了一个问题——为什么主流的不再受市场喜爱?

这是由于消费市场正在发生变化,人们的消费趋势已经从模仿型排浪式到个性化多样化。个性化消费是基于用户兴趣的多样化，个性化消费行为不再由价格驱动，而是由兴趣驱动，消费者能从消费中获得参与感、认同感和满足感。

零售商应该敏感地感知到消费市场的变化，多开发、提供个性化产品和服务，满足目标消费人群更高层次、更个性化的需求。

为了帮助零售业了解、跟踪消费者的无缝化需求，埃森哲给传统零售商提出了六个努力方向（见图18.3）。

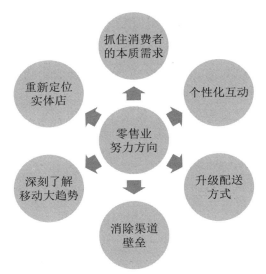

图18.3　零售业的六个努力方向

其中提到了"个性化互动"，研究发现，大部分国内消费者都乐于接受个性化互动的机会，有79%的消费者表示，只要能得到想要的个性化服务，他们不介意向商家提供个人信息，更有80%的消费者表示，如果有人提供个性化的订购/配送计划，他们将会增加消费。

个性化互动具有"非标准化""定制性"的特点，满足了顾客的个性化需求，因此很受认可。

日本"寿司之神"小野二郎为食客做寿司，不仅会考虑到当天的天气情况，店里的温度、湿度，还会考虑到面粉的细致度、粗糙度，客人的性别、年龄、偏好、当日的心情等，做出的每一份寿司都是独一无二的，保证每一份寿司都是最适合客人的。

提供非标准化产品，是满足消费者个性化需求的一个方向，除此之外，还有几种个性化的定位方式。

第一，提供非标准化产品/服务。

第二，提供小众化冷门产品。

第三，提供个性化产品/服务组合。

三、新零售企业的精细化管理

在我们的做事习惯中，充满了这样的词汇："差不多""就这样""拉倒""好像""或许吧""说不定""大概""点到为止""只可意会，不可言传"等，它们背后反映的是人们做事态度的不认真，细节管理专家汪中求称这种现象为"马大哈文化"。

这当然是零售业精细化管理的对立面和阻碍因素。

举一个我们日常生活中的例子，就是煮鸡蛋。我们一般在家里煮鸡蛋，无非找一口锅，放上水和鸡蛋，打开火，煮上几分钟，觉得差不多了，关火取鸡蛋，放凉水里冰一下，就完成了。如果采用精细化的方式，该怎样煮鸡蛋呢？

在日本的超市里，鸡蛋售出时都会附赠一份说明书，介绍的是怎样煮鸡蛋的步骤：

- 采用长宽高各4厘米的特制容器；
- 加水50毫升左右；
- 1分钟左右水开；
- 再过3分钟关火；
- 利用余热煮3分钟；
- 凉水浸泡3分钟。

这样煮出来的鸡蛋，不但生熟适度，并且能节约4/5的水和2/3的热能。

什么是精细化，这就是最好的回答。

如今精细化管理已经成了一种理念、一种文化。精细化管理是源于日本（20

世纪 50 年代）的一种企业管理理念，它是社会分工的精细化，以及服务质量的精细化对现代管理的必然要求，是建立在常规管理的基础上，并将常规管理引向深入的基本思想和管理模式，是一种以最大限度地减少管理所占用的资源和降低管理成本为主要目标的管理方式。

据了解，欧洲生产的鸡蛋都是有"身份证号"的，如"1DE4315402"，这一大串字母都代表什么呢？其中，第一个数字，如果是"0"表示是绿色鸡蛋，"1"表示是露天饲养场放养的母鸡下的蛋，"2"表示是圈养的母鸡下的蛋，"3"则说明这是在笼子里饲养的生长环境最差的母鸡下的蛋；两个英文字母是鸡蛋出产国的标志，DE 代表德国；第三部分数字是产蛋母鸡所在的养鸡场、鸡舍或鸡笼的编号。

食品生产精细到这种程度，消费者还用担心食品安全的问题吗？

精细化管理就是落实管理责任，将管理责任具体化、明确化，它要求商家、组织的每一个成员都要到位、尽职。第一次就把工作做到位，工作要日清日结，每天都要对当天的情况进行检查，发现问题及时纠正、及时处理等。精细化管理的操作特征，可以用精、准、细、严四个字来概括。

- 精是做精，精益求精，追求最好。不仅把产品做精，也要把服务和管理工作做到极致，挑战极限。
- 准是准确的信息与决策、准确的数据与计量、准确的时间衔接和正确的工作方法。
- 细是操作细化、管理细化，特别是执行细化。
- 严是严格控制偏差，严格执行标准和制度。

精细化管理是一种以科学管理为基础，以精、准、细、严为操作特征，通过充分运用商家的各种资源，强化协作，提高执行力，从而达到降低成本、费用，提高运作效率和经营效益为目的的系统管理方法。

四、员工行为的重塑

员工在顾客体验传达和顾客关系塑造中的重要作用，是连接零售商和顾客的关键纽带。

顾客到特定的商家去购买产品或者去享受服务，他们最关注的往往并不是产品或所提供的服务本身，而是工作人员。

顾客只有先对店员产生了好感，然后才有可能去喜欢商家的产品和服务。店员的专业服务水准和服务态度以及他们所能给顾客带去的体验，是左右顾客是否会最终消费的核心点所在。

在线下门店的顾客体验节点中，店员是连接顾客和店铺的关键纽带，是关键中的关键。在顾客眼中，店员就是门店的代表，工作人员的一言一行对店面的业绩都至关重要，与顾客接触得最频繁，碰到的问题也最多，对营业员的业务素质和个人素质也就提出了更高的要求。

毫不夸张地说，好的体验、坏的体验都是店员给顾客带来的，这种效应在互联网时代，更是被无限放大，坏事传千里，但好事也能传千里。

2015年圣诞节前夕，一位母亲从塔吉特商场为女儿买了一个玩具娃娃，后来发现商品质量有问题，于是母亲告诉孩子："平安夜，圣诞老人将会去塔吉特休息一下，那时候他会帮咱们。"

母亲为此特意联系了塔吉特的工作人员，说明此事。

后来，当母亲带着女儿来到塔吉特换货时，店员早就做好了准备，并告诉小女孩，圣诞老人来过了，还给她留下了一个新的娃娃，因为"圣诞老人会帮助塔吉特修理那些小精灵们没安装好的玩具。"

母亲非常感动，就将此事发到Facebook上，结果在短短4天时间内，就得到了近50万个赞和25 000个转载。店员的用心，间接地让塔吉特在网上火了一把。

可见，店员在顾客体验传达和顾客关系塑造中的重要作用。

一般来说，顾客到特定的零售店去购买产品或者去享受服务，他们首先关注的往往并不是产品或所提供的服务本身，他们首先关注的是店中的工作人员，也就是店员，随后他们才会决定是否要消费。这是因为顾客只有先对店员产生了好感，才会去喜欢商家的产品和服务。店员的专业服务水准和服务态度，是能否在这个环节上打动顾客的关键点所在。

1 职业化的员工形象

所谓"做什么就应该有做什么的样",只有一流的店员才能为顾客提供一流的专业服务,才能让店铺在激烈的竞争中脱颖而出。因此,每一家店铺都应将培训具备最专业素养的店员当作一项核心任务来抓。

在竞争日渐激烈、产品/服务同质化越来越严重的今天,很多线下零售店的经营业绩都不理想,其中很大一部分原因要从店员身上去找,因为他们看起来不够专业的话,将会直接影响顾客的消费心情。

店员培训的目的,正是使店员看起来更加专业、更加职业。

(1)在工作形象上,像个做事的样子。

(2)在工作技能上,看起来像是那一行的人。

(3)在工作态度上,用心对待营业中的每一刻。

(4)在工作道德上,是对店铺信誉的坚守。

2 不可或缺的专业知识

店员要向顾客介绍产品和服务,一个最基本的前提就是,首先要对自己的产品、服务烂熟于心,要对自己所从事的这个行业的相关专业知识了如指掌,这样才能对顾客的各种疑问应付自如。

如果顾客已经对产品、服务产生兴趣,但是如果看到店员面对自己的疑问抓耳挠腮,一问三不知的话,那么结局可想而知。

相反,当店员对自己所推销的服务和产品有详尽的了解时,就会在推销的时候底气十足,能够有条不紊地为客户答疑。店员对专业知识的掌握程度及推介时的激情和自信都会感染和影响顾客,并促使他们做出购买的决定。

通常情况下,店员应该掌握的专业知识包括以下几个方面。

(1)对自身产品和服务烂熟于心。

要真正了解产品的构成、性能、优势、劣势等所有细节,不能简单说"我的产品是最好的""我的产品是独一无二的"等根本没有明确产品特性的语言,必须给顾客一个可信的产品特性介绍,或者是直接拿数据说话。

（2）充分了解竞争对手的产品和服务。

店员不仅要将自己产品彻底吃透，还要了解主要竞品的特性，同自己的产品做一个深度对比，熟知各自的优势劣势。

（3）充分了解消费者对行业的看法或认可度。

了解顾客对行业、商家、品牌、价格、服务、体验等方面的综合态度，综合分析自身所处地位、不足，思考如何改进。

（4）详细解读消费者的消费心理。

除了常规的市场调研、用户访谈外，店员可以将自己作为超级用户，换位思考，设身处地体验以下自身产品、服务的整个消费流程，自己给自己找问题，发现消费体验中的问题。

3 善待员工

实体商业希望给顾客提供有温度的服务，首先应将这种温情传递给自己的店员、员工、导购。善待员工，让他们感觉工作是自由的、快乐的、虔诚的，在此心境之下，他们才有可能为顾客提供有温度的服务。

2008年中旬，大连大商总裁在郑州改革开放30周年商业企业高峰论坛上说，"今天我不想讲大连大商，就想讲讲胖东来现象。这么多年来，我没有见过像胖东来这么好的生意，你见过人排队吗？见过汽车排队吗？见过电动车排队吗？烈日炎炎下，妇女顶着太阳，打着遮阳伞，推着电动车排15分钟，前面出去一辆，这边才能进去一辆，方圆一公里之内都没有商店，人家就在这一棵树上吊死。汽车也是这样，一到周末整个街都封路，不管是许昌，还是新乡。前几年如此，现在还是如此，不服不行！"[①]

这些行业协会和同行的评价，没有夸大其词。

进入胖东来的店面，有什么不一样呢？最明显的是你所看到的营业员，全都笑逐颜开，跟其他地方营业员那种常见的职业性微笑不同的是，他们是发自内心，让顾客如沐春风，感觉很舒服。

---

① 姚远生. 也来解读"胖东来现象". 2013年9月1日.

胖东来的营业员称呼顾客没有不喊哥不喊姐的，看到抱孩子、提东西、上下楼梯的顾客，马上会有人出来相助。超市内部，做清洁工作的阿姨，竟然跪在地上拿毛巾擦地，旁边还有一个配合着拿扇子扇，两人有说有笑，高高兴兴就把活给干了。有人问她们是老板这样要求的吗？回到说不是，那是为什么呢？她们的答案是——因为这样擦得干净！什么情况下，人才会以这样的态度来干活，只有在家里，给自己干活，给自家擦地的时候，才会如此精心，才会这样负责啊！

我们的员工也许也能做到这一点，但他们很可能是畏于制度、迫于老板压力，咬着牙这么干。对于工作，是自动自发，还是制度所迫驱动？带来的结果是不一样的，员工的工作状态是不一样的，更重要的是，他们给顾客的感受是不一样的。你对他们是真心相待还是外热内冷、虚情假意，大家是能够体会出来的，这就是差距，这种差距有时候是难以逾越的鸿沟。

什么人会像胖东来的员工一样认真负责？家里人。

员工为什么为你的店铺操心？因为这事和他有关系，和他自身的利益切身相关。不操心，自己的经济利益就没有保障，甚至被切断。操心了，店铺好了，自己也就好了，也就得实惠了。

这就是胖东来的管理逻辑，让员工切实得到实惠，得到收入，胖东来的员工收入，相当可观。

作为同行，大连大商总经理的年薪是多少，通常是28万元，最高也不会超过50万元。你猜猜胖东来一个店长年薪多少？100万元！是大商总经理的三四倍，这只是个店长。再看看其他管理人员的收入（见图18.4）。

如此，便不难理解为什么胖东来的员工能为顾客提供发自内心的温情服务了。

"好市多"也深谙此道，他们对商品"死抠"，对员工却不抠门，员工薪酬远远高出沃尔玛等同行，离职率只有5%。

2014年，在全美企业员工满意度排行榜上，"好市多"仅次于谷歌，排名第二（见图18.5）。

```
年收入50万～          年收入10万～
80万人民币           20万人民币

        副总、总监    课长

        处长         清洁女工

年收入30万～          月薪2 200元,
50万人民币           (同行在600～
                    800元)
```

图 18.4　胖东来各级员工收入水平

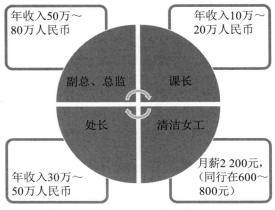

图 18.5　2014 年美国员工满意度公司排名

店员同顾客之间是一种服务与被服务的关系，这一点没错，但并不意味着服务人员就低人一等。

零售商要营造恭敬且有温度的服务氛围与服务文化，就必须先在内部营造一种尊重员工、善待员工的氛围，受这种氛围的感染，员工才能自然而然地为顾客提供有温度的服务，而非生搬硬套，挂着言不由衷的笑容，进行生疏而机械的服务。得到温情服务的顾客，则会成为商家的常客，甚至影响身边的人前来消费，为商家带来源源不断的客流和利润，实现良性循环。

第十九章
商业做到极致的秘诀

一、商业做到极致，都会上升到哲学高度

商业做到极致，都会上升到哲学高度。

在东京有一家名叫"小笹"的小店，只有3平方米，产品就两种：羊羹和最中饼。羊羹每天限量只做150个，可年收入却高达3亿日元。

很多人早上四五点就来排队，将近50年，天天如此。

顾客为何甘愿这样排队购买，来听听食客的说法：

"吃了一口，感觉整个宇宙都要美哭了。"

"吃下一口，仿佛去深海遨游了一次。"

"羊羹里住着锦鲤，吃下，愿望仿佛就能成真。"

"美到舍不得吃，但是又美味到忍不住不吃。"

……

"小笹"的老板叫稻垣笃子，在他的世界观中，最好的羊羹，会在制作中的某一刻闪耀出紫色光芒，为了一睹这种紫色的光芒，稻垣笃子花了十年时间。

那一次，稻垣在制作羊羹时欣喜地看到了瞬间闪过的紫色光芒，也是那一次制作的羊羹，终得父亲（也是师傅）的认可。在这期间，父亲对他的要求只有一个——做出最美味的羊羹。

羊羹制作难点在于如何调和出口味如一的产品。因为，每天的气温和湿度不同，红豆（原料）的产地和质量不同，每天木炭的状态也不同。所有这些因素都会影响羊羹成形后的味道。

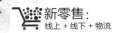

为了找到最佳调和之道，稻垣又探索了十年，终达"技近乎道"的境界，他对此的感悟是："一旦炼制羊羹时，就是我一个人的世界。那是谁都不能打扰我和羊羹面对面的时候，是只能专注于这件事、心无杂念的时间。忘记工厂或店铺的事、人际关系，以及炎热，全部都要忘记，只是聆听红豆的声音，心无杂念地炼制羊羹。然后，看到紫色光芒时，我就会感受到无法言喻的爽快感。"

经过长达30年的苦心探索，稻垣的技艺终于超过了父亲。

日本琦玉县晶平锻刀道场是日本武士刀锻造的标杆，道场的主人川崎也是一位传奇锻造师。

一次，川崎在接受采访时，用"技、艺、道"三个字，描述了自己的匠人之路。

当学徒的时候，"看山是山，看水是水"按图索骥，学习的是最基本的锻造工艺，此为"技"。

出师之后，经过不断的摸索和试错，开始"看山不是山，看水不是水"，在不忘师承的基础上，开创了属于自己的锻造风格和流派，进入"艺"的层面。

锻造多年，经过无数次升华和沉淀之后，则返璞归真，"看山还是山，看水还是水"。在锻造的时候，刀再也不是一件死物，而是一种生命体，仿佛被赋予了灵性，就如川崎自己说的那样"日本刀是有魂的"。

这里的魂，指的就是灵性，也即我们所说的"艺通乎神"，开始领略到"道"的境界。

古人常说："技进乎道，艺通乎神。"

零售商打磨自己的产品和服务，就是要达到这种出神入化之境界，通过长期的坚守，"用心、入神"地去对待自己的事业，去对待顾客，倾注所有情感，让每一项服务、每一件作品都是活的，充满生命，就像是被施加了魔法。

中国台湾地区"诚品书店"吴清友说过一番话：服务的最高境界是精进自己，分享他人。

无论是经营何种业态的零售，都需要这样一种姿态：精进产品、精进服务、精进自己，以一颗匠心来打磨自己的事业，打磨自己的心和生命。

稻盛和夫先生在《六项精进》一书中提出了"六项精进"（见图19.1）。

图 19.1　六项精进

实体店经营者学习运用痛点思维，同样需要"六项精进"。

（1）跟自己死磕（死磕产品、服务、用户体验），付出不亚于任何人的努力。

（2）不断突破自己的恐惧、胆怯，锐意进取，学习新思维。

（3）永不松懈对产品、服务品质的追求。

（4）致力于提供更优质的服务。

（5）在顾客体验提升上渐行渐远。

（6）每日换位思考，研究顾客的不便、烦恼、痛点，设法去改进，精进，精进，再精进。

以这种心态去做零售，去销售产品，去提供服务，去满足顾客日益挑剔的需求，又怎么可能会被颠覆？

从商业逻辑上看，传统零售进阶新零售，有以下两个方向最为重要。

第一，回归商业的本质。无论形式如何演变，零售的本质不会改变，所谓回归，就是将那些商业本质层面的要素做精、做好，如一流的商品品质、充满温情的服务、极致的用户体验、对客户的理解与尊重等。

第二，商业形式的创新。即跟随商业大环境，在技术、商品组织、线上线下融合、物流配送、供应链层面，与时俱进，补齐短板，以满足用户新需求，提供新体验。

传统零售模式，以企业为中心，更关注自身利益，乃有我之境。

新零售的模式，以用户体验为中心，更关注用户需求，属无我之境。

二、未来商业，因小而美

小而美，顾名思义，指的是小而精致，规模不一定很大，渠道不一定很广，产品数量不一定很多，但却都是精品，都投注了经营者所有的热情，以匠人之心追求一种极致（见图19.2）。

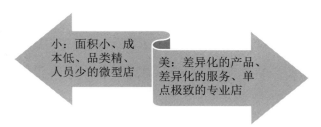

图19.2 小而美的内涵

我们看到，一些创新业态的零售商，比如京东"京选空间"、阿里巴巴"无人超市"、小米的"小米之家"、当当的"当当书吧"、阿里系的"易果生鲜"，都在将自己的小店打造成又美又专又小的专业店，做最专业的烘焙店、零食店、水果店、化妆品店、母婴店、生鲜店……用专业化、精细化、差异化和便捷性更好地迎合了新的消费需求。

小而美的零售满足如图19.3所示的特征。

1.产品、服务独具特色

2.提供与众不同的消费体验

3.得到某个消费群体的认同

4.让顾客感动的细节之美

5.从关注利润、规模转向关注顾客、品质、服务、价值

图19.3 小而美的零售

小而美，对应的是大而全，它们往往能在很小的细分市场内将产品和服务

做到极致。从更广义的范围上看,"小而美"就是那些规模不大但却有着独特价值的实体店。

举个最简单的例子,你可能只有一家占地 10 平方米的蛋糕店,你的服务半径也许只有 2 公里的范围,但是你烤出的蛋糕味道异常鲜美,顾客都对之念念不忘,每天的产品都供不应求,那么,你的生意就是当之无愧的"小而美"。

要达到"小而美"的标准,需要具备下面两个条件。

第一,"小",是指那些"功效独特"、能够轻松聚焦到某一"特定消费群体"的商品或服务。"小"并非是指商品的大小和价格的高低,只需针对特定的消费群体,而不必针对大众市场做全面推广,也因此,它们付出的营销和销售费用相对是较少的。

第二,必须是"美"的,否则"小而美"也就没有了存在的意义。"美"指的是卓越、极致的功效,相对于"小"而言,"美"讲的是一种深度,即你对顾客及其需求理解的越深入,你的商品和服务也就越"美"。

根据这一标准,"小而美"就是那些功效独特、极致,具有明确细分消费群体的商品和服务。

小而美,对线下实体店转型具有重要而深远的意义。

做小、做专、做美,比做大、做强更容易,但从某种程度上讲,做到小而美,也不是一件简单的事,它需要付出一颗"追求极致的专注、常年如一日的坚守"的匠心,需要耐得住寂寞、经得住诱惑。

三、用工匠精神对待零售

2016 年 3 月 5 日,李克强总理在第十二届全国人大四次会议上做政府工作报告时提到:"要鼓励企业开展个性化定制、柔性化生产,培育精益求精的工匠精神。"

这是"工匠精神"首次出现在政府的工作报告上。

为什么总理要如此郑重地倡导工匠精神?

答案很简单。因为中国企业和商家缺乏工匠精神,据有关数据统计,截至

2012年,寿命超过200年的企业,日本有3146家,居全球首位,德国有837家,荷兰有222家,法国有196家。他们长寿的秘诀就在于秉承着更严谨的"工匠精神"治理企业。反观中国,百年企业为数甚少。

我们还注意到,在中国电子商务持续升温的当下,日本的实体店不仅没有降温,还越发表现出其价值感和生命力。

这种现象的背后,究竟是什么在支撑?

日本实体业给人最深的印象就是专注。一家小小的寿司店可以经营150年,甚至250年,这在日本很常见。

日本的店铺经营者以传承和精益求精为傲,在他们心目中没有做大生意和小生意的区分,他们能在持续不断的专注中获得满足感,所以心平气和。开店,不是多多益善,而是要好到让自己满意。支撑他们的是工匠精神和匠心意识。

具有工匠精神的零售商,对自己提供的产品、服务,乃至对顾客,从来都是充满热爱的。

因为爱得太深,爱得太炽烈,所以,他们不容任何理由与行为对这份爱有所亵渎。

这无关乎金钱,是匠人对质量的坚守和对工作的执着。

在韩国,有很多年老的泡菜店老板,专心于泡菜的制作与传承,他们把持着泡菜的味道与品质,使其不断延续、提升。

其中有一家经营历史已达百年的老泡菜店更是如此,这家泡菜店的名气很大,他们的泡菜品质独一无二,深受客人的喜欢。可是,这样一家店却有着自己独到的要求:不允许顾客买了泡菜去送人。

这是怎么回事呢?

有一天,一位老顾客进到店中,要求店主为自己包一些泡菜,非常得意地说:"我要将这些泡菜带给我的朋友,三天后他就可以吃到你家百年传承的正宗泡菜了。"

没想到,老板一听客人要在三天之后才能将泡菜送到朋友手中,却断然拒绝了卖泡菜给他。客人非常不解地说:"难道你家的泡菜不能送人吗?"

店主却说:"不是不能送人,而是不能三天之后再送,因为在你放置泡菜的这几天时间里,泡菜势必会产生变化,这会影响到它纯正的味道,如此也就不再是我们店里的泡菜了。你的朋友吃了,只会记住我们店变质泡菜的味道。这不但会有损泡菜自身的品质,也会影响我们泡菜店的声誉。这是我们所不能容忍的,所以,我宁肯不做这笔生意。"

这是一种对顾客认真负责的经营理念,也是对自己负责的匠心精神,为了追求产品品质而苛刻到去控制它的去向以及食用方法、食用时间。

零售商的匠心,主要体现在三个方面(见图19.4)。

图 19.4　匠心的表现

一、职心。是对自己的态度,脚踏实地、全神贯注、心存敬畏、对产品负责,将产品、服务质量视为生命。

二、用心。是对服务对象,亦即顾客的态度。时刻站在顾客的角度,替顾客着想,永远把服务对象当作"最在乎的人",这样,才能做出最受顾客欢迎、市场认可度高的产品。

三、欢喜心。是对产品的态度,倾注全部灵魂,用生命去热爱,才能做出真正有温度的作品。

参考文献

[1] C.K. 普拉哈拉德（C. K. Prahalad），等.消费者王朝.王永贵，译.北京：机械工业出版社，2005.

[2] 佩罗特，等.基础营销学.胡修浩，译.上海：上海人民出版社，2006.

[3] 阿尔文•托夫勒.第三次浪潮.黄明坚，译.北京：中信出版社，2006.

[4] 约瑟夫•派恩（B. Joseph Pine II）和詹姆斯•吉尔摩（James H. Gilmore）.体验经济.夏业良，等，译.北京：机械工业出版社，2008.

[5] 史玉柱口述，优米网编.史玉柱自述：我的营销心得.北京：同心出版社，2013.

[6] 沃伦•贝格尔（Warren Berger）.绝佳提问.常宁，译.杭州：浙江人民出版社，2015.

[7] 安德森.长尾理论.乔江涛，石晓燕，译.北京：中信出版社，2015.

[8] 黄铁鹰.海底捞你学不会.北京：中信出版社，2011.

[9] 卡尔森.关键时刻 MOT.韩卉，虞文军，译.北京：中国人民大学出版社，2010.

[10] 稻盛和夫.六项精进.曹岫云，译.北京：中信出版社，2011.

[11] 宋一平.你们还在谈有温度的服务，丽思卡尔顿已经玩得出神入化了.决策参考，2016.

[12] 黄铁鹰.褚橙你也学不会.北京：机械工业出版社，2015.

[13] 詹姆斯•C.柯林斯，杰里•I.波拉斯.基业长青.真如，译.北京：中信出版社，2002.

[14] 黎万强.参与感.北京：中信出版社，2014.

[15] 迈克尔·波特（Michael E. Porter）.竞争优势.陈丽芳，译.北京：中信出版社，2014.

[16] 凯文·凯利.技术元素.张行舟，等，译.北京：电子工业出版社，2012.

[17] 詹姆斯·哈金（James Harkin）.小众行为学.张家卫，译.北京：北京时代华文书局，2015.

[18] 张嫱.粉丝力量大.北京：中国人民大学出版社，2010.

[19] 陈海涛，杨正.不解决这些痛点，你就别创业.北京：北京联合出版公司，2016.

[20] 彼得·德鲁克.管理的实践.北京：机械工业出版社，2009.

[21] 彼得·德鲁克.成果管理.北京：机械工业出版社，2009.

后 记

新零售是一种新型商业模式，是相对于传统线下零售和传统电商而言。新零售兼具线下实体零售和线上电商的某些特征，它是线上、线下和现代智慧物流充分融合的产物。

众所周知，任何一种新型商业文明的诞生，都有其内驱力和外驱力。从外部看，传统零售的创新与升级，归根结底是消费升级的产物，消费者日益苛刻的消费需求在倒逼商家与时俱进，进行转型。从内部看，传统零售自身的一些短板和痛点，使其在面临商业新环境、满足新时期消费者需求时有些捉襟见肘，不得不进行自我革命。

未来，线上、线下零售商的界限会变得越来越模糊，不会再有单纯的电商和纯粹的线下零售，任何割裂的线上或线下零售都有其先天不足，第一篇内容我们首先分析了线下零售和传统电商的痛点，即自身存在的问题和市场威胁。

正视问题是提升的第一步，而新零售进阶的本质不仅仅是线上线下的充分融合、互补，同时也是旧有商业元素的重组，如何补齐短板、完善心智模式，具备全渠道思维，在新物流的配合下完成效率革命，是传统零售商首先要解决的问题。

新零售时代给传统零售行业带来了巨大挑战，同时也提供了新的发展机遇和新技术。大数据技术可谓是助力传统零售业转型升级的一项秘密武器，新时期的零售商也务必要具备一项新能力——客户数据的智能获取、分析和应用能力。当前，新技术已成为行业变革的主要推手，如何拥抱大数据技术，实现业务系统的升级调整，是决定零售商在下一轮竞争中能否抢占先机的一个重要因素。本书第二篇内容谈论的即是传统零售商如何利用好大小数据，实现对消费者数据的精确抓取，分析消费者需求，对用户进行画像建模，进而实现对消费者的精准营销和精准服务。

为加速新零售转型，一些传统线下零售商开始向线上延伸，一些线上零售商也开始布局线下，某些实力雄厚的零售企业如京东和阿里巴巴则在建设新型的物流配送体系，甚至于通过并购或入股的形式染指上下游产业链，布局了各自的零售大生态。

新零售一定是共享共赢型零售，所谓共享，即生态系统内的资源、信息共享，所谓共赢，即系统参与者共同凝成一个强大的命运共同体，共担风险，共享收益。搭建零售生态系统，不仅仅是巨头的专利，中小型零售商也可以集中资源来构建自身的零售小生态，同时，出于提升竞争力、提高风险抵御能力的需要，也可以灵活多变的合作方式进入巨头们的零售生态，共谋发展。

新零售实际上有三个关键词——更智能、更新奇、更好玩，它是以消费体验为中心的新型商业模式，无论零售商如何升级，如何提升效率，其最终目的都是为了无限逼近消费者内心需求，最终实现"以消费者体验为中心"，都是为了提升消费体验。须知，当下的消费者已经不再局限于在每周、每月的固定时间里，在固定的购物场所进行消费。而是转变为随心所欲的全天候、多渠道的消费，消费者可以在任何时间、任何地点，通过任何方式购买他们所喜欢的商品。

现如今，消费者可选择的消费渠道越来越多，而刚性的消费需求越来越少，越来越多的消费情实现是"凭任性""看心情"。零售业竞争的本质就演变成了一场顾客争夺战，是客流经营能力的比拼。谁的商品、服务更新奇、更有特色，谁的活动参与性更强、体验更优，谁就能更多、更长时间地吸引消费者，也就有更多的胜出机会。

消费体验的提升并非朝夕之功，它是一项系统工程，需要零售商上升到经营战略的层面来对待，将互联网本质和线下的效率以及服务相结合，和消费者一起拥抱超体验时代，如何为消费者提供超预期体验是本书第四篇重点阐述的内容。

无论零售业如何演进，新零售从本质上讲仍是零售，仍脱离不开一些零售业本质性的要素，例如，对人、货、场的重构；内部综合运营能力和精细化管理能力；以工匠精神做产品、做服务；雇员行为的重塑等，仍然是要强化和不断精进的，正如本书第五篇内容所讲"商业做到极致，都会上升到哲学高度"，而以上要素都应上升到零售哲学的高度来对待。

我们注意到，进入 2017 年下半年，各种零售新思路、新模式、新物种仍在不断涌现，传统零售商的新零售精进之路从来都没有止息，新零售当然也没有固定的路径可循，有的只是企业战略支撑前提之下灵活地因地制宜的创新。